키위엔
영어회화

박강준 지음

키위엔

10만부 돌파 기념 스페셜 에디션

최신개정판 독자 전용 5가지 특별 혜택

책과 강의 영상을 동시에!
QR코드를 스캔하여 준쌤의 해설 강의 영상과 책을 함께 학습할 수 있어요!

MP3 음원 파일 제공
각 Unit 별로 '실생활 영어 표현 익히기"의 문장을 MP3 음원을 통해 들으며, 리스닝과 스피킹 연습해 보세요.

영어회화 미니 핸드북
핵심 실전 표현만 모았다! 각 Unit의 '실생활 영어 표현 익히기' 문장들만 따로 모은 핵심 표현 미니북입니다.

더욱 풍성해진 실전 대화문
최신 개정판에는 원어민 실생활 대화 20개가 상황별로 담겨 있어, 앞에서 배운 표현들이 실제로 어떻게 쓰이는지 직접 확인할 수 있습니다.

바로 써먹는 여행영어 100
(PDF 파일)
상황별로 꼭 필요한 해외여행 영어 표현만 쏙쏙 골라 담았습니다. 공항, 식당, 호텔 등 여행지에서 바로 써먹을 수 있는 필수 표현 100문장!

머리말

"단어만 외우면 영어가 될 줄 알았어요…"

"그런데 돌아서면 까먹고 간단한 문장도 편히 말할 수 없는
 저 자신이 답답해요."

영어를 공부하는 수많은 분들의 고민입니다. 아무리 많은 단어를 외워도 막상 말을 하려고 하면 하고 싶은 말을 문장으로 만들 수 없으니, 결국 문장들을 통으로 외우게 되죠. 하지만 그렇게 힘들게 외운 문장들은 조금만 시간이 지나면 매정하게도 우리 머릿속에서 사라져 버립니다. 도대체 영어는 어떻게 해야 잘할 수 있을까요? 이 질문의 답을 찾기 위해서는 우리가 단어를 왜 공부하려 하는지부터 생각해봐야 합니다.

단어들은 문장을 만들기 위해 존재합니다. 하지만 영어 학습자 가운데 대부분은 영어 단어 수를 늘리는 것에만 신경을 씁니다. 새로운 단어를 외우는 것도 중요하지만 문장을 만들기 위해서는 결정적인 한 가지가 더 필요한데, 그것은 바로 '단어의 위치'를 아는 것입니다. 우리가 외운 단어가 문장 안에서 어디에 위치하는지를 알아야 문장을 만들 수 있는 것이죠. 요리 초보자에게 레시피 없이 재료만 주면 음식을 만들 수 없듯이, 단어들만 안다고 영어 문장을 만들 수는 없습니다.

단어는 단어 그 자체로 머리속에 머물 때보다 문장 안에서 사용되었을 때 우리 기억에 오래 남고 장기기억에 저장됩니다. 영어로 말을 하려 해도

문장으로 해야 하고, 리스닝을 하려 해도 상대방이 말하는 문장을 들을 수 있어야 하며, 글을 쓸 때도 문장으로 써야 합니다. 그렇기 때문에 영어가 되려면 문장화 능력을 키우는 것이 가장 선행되어야 하는 것이죠.

문장화 능력이 생기면 문장을 통으로 외우지 않아도 되며, 더 빠르고 효율적으로 영어를 익힐 수 있습니다. 이것은 이미 키위엔의 특허받은 단어 위치 학습법을 통해 공부한 수많은 학생들이 증명해 주었습니다.

이 책은 영어의 어순과 문장의 구조를 쉽게 이해시켜 드리며, 그로 인해 스스로 자유롭게 문장을 만들어 말할 수 있게 해 드립니다. 이 책의 마지막 페이지를 넘겼을 때 여러분의 영어 실력이 어느새 중급이 되어 있는 특별한 경험을 해보세요.

저자 **박강준**

이 책의 구성 및 활용법

❶ 강의 영상 보기
QR코드를 스캔하여 준쌤의 해설 강의 영상과 책을 함께 학습하세요.

❷ 문장 구조 익히기
키위엔의 특허받은 학습법으로 외우지 않고 쉽게 문장 만드는 방법을 익혀보세요. 기초도 쉽게 가능!

❸ 단어 위치 파악하기
인디케이터(⬇)를 통해 핵심 단어의 위치를 쉽게 파악하고 문장화 능력을 빠르게 키울 수 있어요. 특허받은 영어 학습법!

❹ 준쌤의 Tip 하나!
각 Unit마다 놓치면 안 되는 중요한 포인트들을 준쌤이 짚어 드립니다.

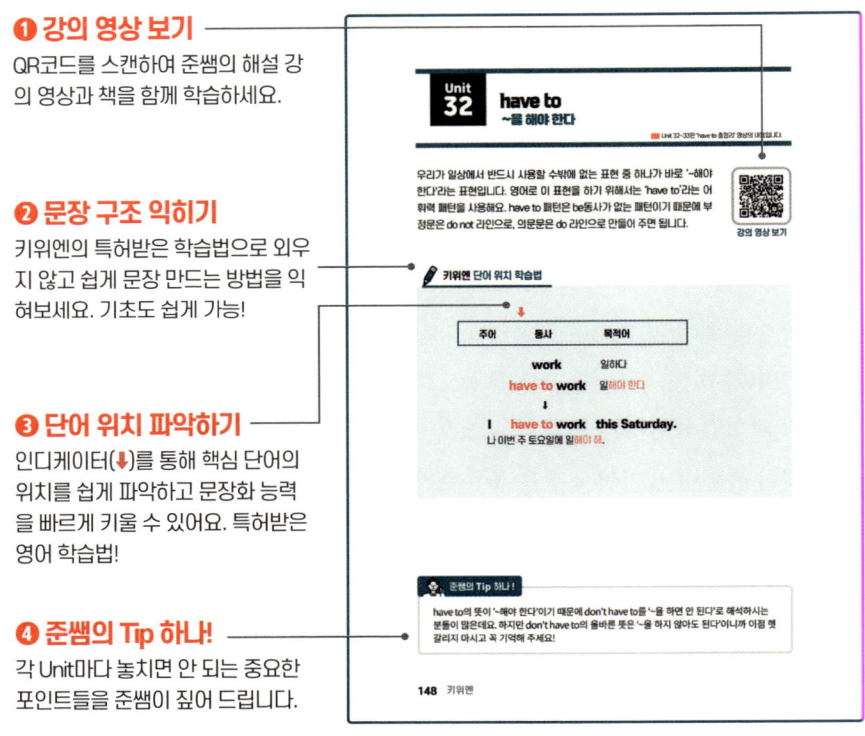

Hit! 책과 강의 영상을 동시에! 📖 + 🖥

혼자 공부하지 마세요. 이 책은 각 Unit마다 저자 준쌤의 해설 강의와 연결되어 있어, QR만 찍으면 마치 1:1 강의를 듣는 듯한 학습이 가능합니다. **책으로 공부, 강의로 완성!**

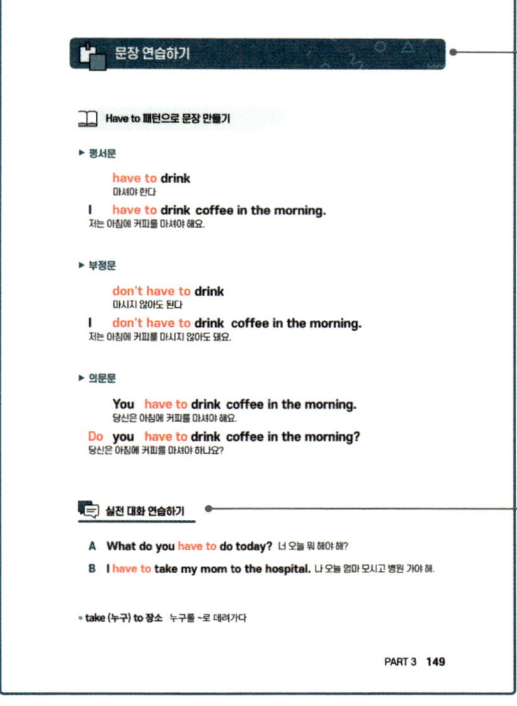

❺ 영어식 사고 키우기

일상에 필수가 되는 예문들을 연습해 보면서 영어식 사고를 키워보세요.

실생활에서 바로 사용할 수 있는 생생하고 자연스러운 영어 문장들로 구성하였습니다.

❻ 실전 대화 연습하기

학습한 표현이 실제 대화 속에서 어떻게 사용되는지 보여주는 AB 대화문 섹션을 통해, 단순한 암기에서 벗어나 실전에서 바로 사용할 수 있는 감각을 키울 수 있습니다.

● 이 책에 나오는 영어 문장에 대한 한국어 뜻들은 상황에 맞춰 실용적으로 연습할 수 있도록 존댓말, 반말 등 다양한 말투로 구성되어 있습니다.

❶ 실생활 영어 표현 익히기

원어민들이 가장 많이 쓰는 생활 속 실용 문장들을 여러분의 것으로 만들 수 있게 도와드립니다. 한국어 문장을 영어로 바꿔 말하는 연습을 통해, 단순한 암기에서 벗어나 Speaking 과 Writing 실력을 동시에 키울 수 있습니다.

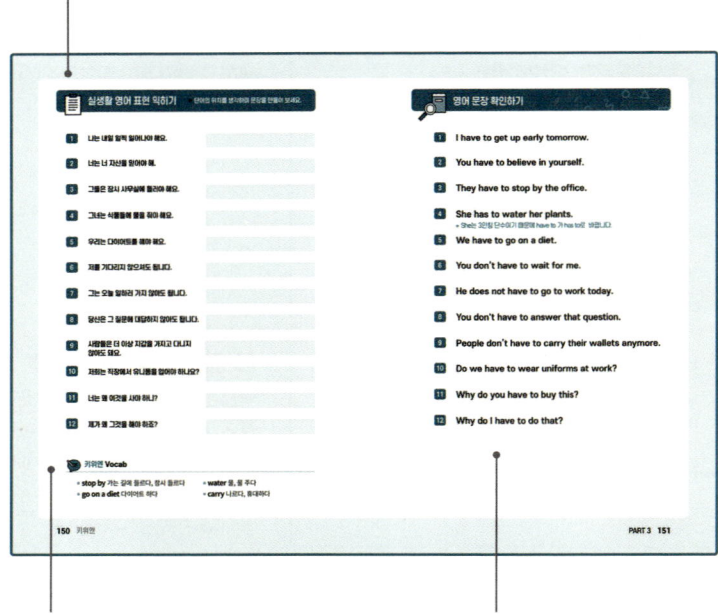

❷ 키위엔 Vocab

원어민이 자주 쓰는 유용한 표현들이 정리되어 있습니다. 네이티브처럼 말하기 위한 필수 단어들이니 말연습을 통해 나만의 경쟁력을 키워보세요.

❸ 장기 기억 저장법

영어는 반복을 통해 완성됩니다. 하루 5분, 영어 문장은 가리고 한국어만 보고 영어로 말하는 연습을 꾸준히 해보세요.

❶ 상황별 실전 대화 연습

앞서 배운 어휘력 패턴과 연결고리들로 자연스러운 영어 대화가 이루어지는 것을 직접 확인해 보세요. 이 책 한 권으로 영어 회화의 90%가 가능해집니다.

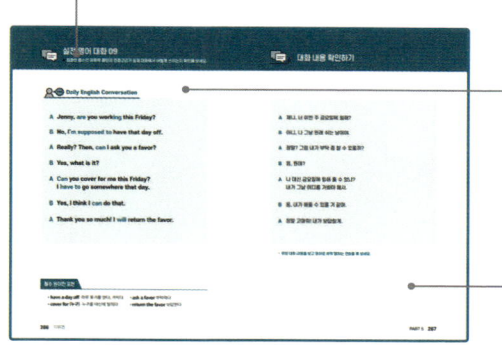

❷ 영어 대화문

일상에서 원어민들이 자주 나누는 대화를 상황별로 정리했습니다. 사용 빈도가 높은 필수 원어민 표현들도 함께 확인해 보세요.

❸ 우리말 해석

영어 대화문의 우리말 해석입니다. 자연스러운 우리말로 옮겨진 뜻과 뉘앙스를 확인하고 미국 생활을 간접 체험해 보세요.

최신개정판, 부록·음원까지!

NEW!
영어회화 미니북

핵심 실전 표현만 모았다!

각 Unit의 '실생활 영어 표현 익히기' 문장들만 따로 모은 핵심 표현북입니다. 휴대가 간편해, 언제 어디서든 반복 복습하거나 말하기 연습을 하기 딱 좋습니다.

또한, 음성으로 제공되는 MP3 음원과 함께 활용하면 효과가 배가됩니다.

새롭게 추가된!
MP3 음원 파일

각 Unit 별로 '실생활 영어 표현 익히기'
문장을 MP3 음원을 통해 들으며,
리스닝과 스피킹 연습해 보세요.

NEW!
바로 써먹는 여행영어 100 PDF

상황별로 꼭 필요한 해외여행 영어
표현만 쏙쏙 골라 담았습니다.

다운로드 방법 QR 코드를 스캔하여 키위엔(keyween.com)에 접속 후 회원가입을 한 뒤 MP3 음원 파일과 여행영어 100 PDF 파일을 무료로 다운로드하실 수 있습니다.

목차

Part 01

Unit 01 영어는 '주어 + 동사'로 시작한다 — 016
Unit 02 동사가 시제를 바꾼다 — 020
Unit 03 부정문 - 동사의 비밀 공개 — 024
Unit 04 동사 단어 10개로 80문장 만들기 — 028
Unit 05 더 자세한 문장 만들기 – 주어 동사 목적어 ++ — 032
Unit 06 의문문 – 단어의 위치를 알아야 문장을 만들 수 있다! — 036
Unit 07 더 자세한 질문 하기 – 육하원칙의 위치와 사용법 — 040
Special Lecture | 영어회화의 99%가 가능해 지는 어순 총정리 — 044

Part 02

Unit 08 be동사 – 영어의 반은 be동사 문장 — 048
Unit 09 be동사 부정문 – am not 과 do not 의 구분법 — 052
Unit 10 be동사 의문문 – 움직임 하나로 의문문이 가능하다! — 056
Unit 11 be동사 문장 총정리 — 060
Unit 12 be동사의 두 번째 뜻 - ~에 있다 (위치/장소) — 064
Unit 13 육하원칙 + be동사 의문문 – be동사 문장도 육하원칙 응용이 가능! — 068
Unit 14 be동사 과거 'was/were' - 영어 표현을 늘릴 수 있는 지름길! — 072
Unit 15 'will + be' – 내 영어에 경쟁력을 더해주자 — 076
Unit 16 'can + be' - 영어에 입체감을 더하자 — 080
Special Lecture | 어순 총정리 (동사 문장 vs be동사 문장) — 084
Special Lecture | 키위엔 영어 치트키 — 086
Unit 17 3인칭 단수 – 동사뒤에 's'는 언제 붙나요? — 088
Unit 18 긴 영어 문장 만들기 – If 만약 ~라면 — 092

Part 03

Unit 19	to ~하는 것 – 반드시 알아야 하는 영어 단어 하나!	098
Unit 20	어휘력 패턴의 시작 – want to ~하고 싶다	100
Unit 21	wanted to – ~하고 싶었다	104
Unit 22	육하원칙 + 의문문 (want to) - 더 자세한 질문 만들기	108
Unit 23	like to/need to - ~하는 것을 좋아해요/~하는 것이 필요해요	112
Unit 24	want 누구 to – 누가 ~하는 것을 원한다	116
Unit 25	It takes (시간이) ~걸리다	120
Unit 26	When ~할 때/ ~일 때 – 긴 문장 만들기	124
Unit 27	be going to ~할 것이다 – 어휘력 패턴도 be동사 패턴이 잇다!	128
Unit 28	was/were going to - ~할 거였다	132
Unit 29	be able to - ~하는 것이 가능하다	136
Unit 30	be able to - 시제별 응용 표현하기	140
Unit 31	before & after ~하기 전에/ ~한 후에 – 긴 문장 만들기	144
Unit 32	have to - ~을 해야 한다	148
Unit 33	had to - ~을 해야 했다	152
Unit 34	should - ~해야 한다	156
Unit 35	should 의문문 – 조언 또는 의견 구하기	160
Unit 36	might - ~ 할지도 모른다	164
Unit 37	Although (비록) ~하더라도 – 긴 문장 만들기	168
Unit 38	be ~ing - ~하는 중이다	172
Unit 39	was/were ~ing - ~하고 있었다	176
Unit 40	be ~ing의 두 번째 뜻 – 내 영어에 경쟁력을 더해 주자	180
Unit 41	be supposed to – 원래 ~하기로 되어있다	184

목차

Unit 42	동명사 ~ing - ~하는 것	188
Unit 43	because - ~때문에	192
Unit 44	used to - ~을 했었다 (한때)	196
Unit 45	be used to - ~에 익숙하다	200
Unit 46	try to - ~하려고 노력하다	204
Unit 47	try not to - ~하지 않으려고 노력하다	208
Unit 48	어휘력 패턴 + be동사	212
Special Lecture	한눈에 보는 어휘력 패턴 활용법	216

Part 04

Unit 49	ing vs ed - 차이와 쓰임새	220
Unit 50	명령문 - ~해/ ~하지마	224
Unit 51	전치사 at, in, on	228
Unit 52	at, in, on – 시간, 년도, 요일	232
Unit 53	for의 다양한 쓰임새	236
Unit 54	during vs while - ~동안	240
Unit 55	비인칭 주어 It – 날씨, 시간, 요일	244
Unit 56	ago & later - ~전에/ ~후에	248
Unit 57	What + 의문문	252
Unit 58	How + 의문문	256
Unit 59	Don't you~? 부정 의문문	260
Unit 60	Aren't you~? 부정 의문문	264

Part 05

실전 영어 대화 01 ——— 270
실전 영어 대화 02 ——— 272
실전 영어 대화 03 ——— 274
실전 영어 대화 04 ——— 276
실전 영어 대화 05 ——— 278
실전 영어 대화 06 ——— 280
실전 영어 대화 07 ——— 282
실전 영어 대화 08 ——— 284
실전 영어 대화 09 ——— 286
실전 영어 대화 10 ——— 288
실전 영어 대화 11 ——— 290
실전 영어 대화 12 ——— 292
실전 영어 대화 13 ——— 294
실전 영어 대화 14 ——— 296
실전 영어 대화 15 ——— 298
실전 영어 대화 16 ——— 300
실전 영어 대화 17 ——— 302
실전 영어 대화 18 ——— 304
실전 영어 대화 19 ——— 306
실전 영어 대화 20 ——— 308

PART 01

특허로 검증된
키위엔의 단어 위치 학습법

QR코드 스캔

공부 효율을 200% 올려주는
교재 활용법 영상을 먼저 참고하세요!

단어 10개로 360문장 말하기

우리가 영어 문장을 만들어 말할 수 없는 이유는 단어만 외우고 그 단어들로 문장을 만드는 법을 배우지 않아서입니다. 모든 단어는 문장 안에서의 '위치'라는 것이 존재합니다. 하지만 단어들의 뜻만 알고 위치를 모르면 그 단어들로 문장을 만들 수 없겠죠. 필수 단어들의 위치만 배워도 스스로 문장을 만들 수 있어 더 이상 무턱대고 영어 문장들을 외우지 않아도 됩니다. 그럼 특허받은 단어 위치 학습법을 통해 필수 단어 10개로 최대 360문장을 만드는 방법을 알아보고 자연스럽게 영어의 어순을 우리의 것으로 만들어 보겠습니다.

Unit 01 영어는 '주어 + 동사'로 시작한다

■ Unit 01, 05는 '어순 완전 정복' 영상의 내용입니다.

영어 문장들은 '주어 + 동사' 순으로 시작합니다. 우리는 보통 영어 문장을 말할 때 한국어로 먼저 생각하고, 그 후에 영어로 그 문장을 바꿔서 말하죠. 하지만 여기서 문제가 발생하는데요. 한국어 문장의 어순은 '주어 + 목적어 + 동사' 순인 반면에 영어는 '주어 + 동사 + 목적어' 순이기 때문입니다. 기억하세요. 영어는 '주어 + 동사' 순으로 문장을 만들어 주는 게 핵심입니다! 이것만 습관이 돼도 영어 어순의 70% 이상이 잡히게 돼요.

강의 영상 보기

🖊 키위엔 단어 위치 학습법

"나는   영어를   공부한다."
 ↓   ↓   ↓
 I   English   study.   (X)
 주어   동사

 I   study   English. (O)
 주어   동사

● 영어 어순 | 주어 | 동사 | 목적어 |

👨‍🏫 준쌤의 Tip 하나!

동사는 우리말로 '~다'로 끝나는 단어에요. 공부하다(study), 일하다(work), 먹는다(eat), 자다(sleep)처럼요.

문장 연습하기

영어 어순으로 문장 만들기

- "나는 열심히 일한다."

  I hard work. (X)
  주어   동사

  I work hard. (O)
  주어 동사

- "나는 점심을 먹는다."

  I lunch eat. (X)
  주어   동사

  I eat lunch. (O)
  주어 동사

- "나는 물을 마신다."

  I water drink. (X)
  주어   동사

  I drink water. (O)
  주어 동사

- "나는 영어를 말한다."

  I English speak. (X)
  주어   동사

  I speak English. (O)
  주어 동사

실생활 영어 표현 익히기 ▶ 단어의 위치를 생각하며 문장을 만들어 보세요.

1. 나는 집에 간다.
   (I home go)

2. 나는 그를 안다.
   (know him I)

3. 나는 점심을 먹는다.
   (I lunch eat)

4. 너는 내일 일한다.
   (You tomorrow work)

5. 너는 커피를 마신다.
   (You coffee drink)

6. 너는 요가를 한다.
   (do yoga You)

7. 우리는 피자를 좋아한다.
   (We pizza like)

8. 우리는 TV를 본다.
   (We TV watch)

9. 우리는 영어를 말한다.
   (speak English We)

10. 그들은 사진을 찍는다.
    (take pictures They)

11. 그들은 캠핑하러 간다.
    (They camping go)

12. 그들은 돈을 번다.
    (They money make)

영어 문장 확인하기

1. I go home.
2. I know him.
3. I eat lunch.
4. You work tomorrow.
5. You drink coffee.
6. You do yoga.
7. We like pizza.
8. We watch TV.
9. We speak English.
10. They take pictures.
11. They go camping.
12. They make money.

 준쌤의 **Tip** 하나!

말 연습 방법: 영어 문장들을 가린 채로 앞 페이지의 한국어만 보고 영어로 말하는 연습을 해 보세요.

Unit 02 동사가 시제를 바꾼다

■ Unit 02~04는 '시제별 영어 문장 1000개 만드는 방법' 영상의 내용입니다.

영어의 어순은 '주어 + 동사 + 목적어' 순으로 시작합니다. 여기서 제일 중요한 건 바로 동사인데요. 동사만 바꿔주면 현재시제뿐만 아니라 과거시제, 미래시제 문장들도 쉽게 만들 수 있기 때문이에요. 그럼 본격적으로 키위엔만의 특허받은 단어 위치 학습법을 통해 어떻게 영어 문장들이 만들어지는지 알아보도록 하겠습니다.

강의 영상 보기

키위엔 단어 위치 학습법

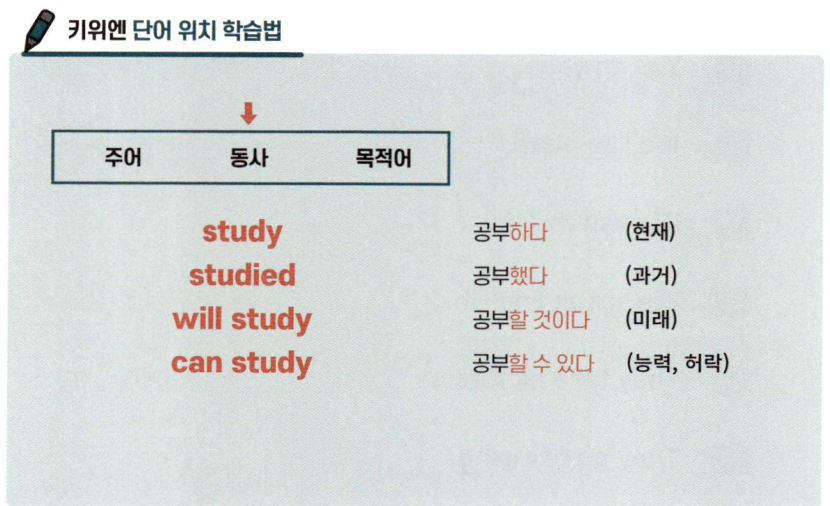

문장 연습하기

📖 Step 1 시제별 동사 잡아주기

주어	동사	목적어	
	study	공부하다	(현재)
	studied	공부했다	(과거)
	will study	공부할 것이다	(미래)
	can study	공부할 수 있다	(능력, 허락)

📖 Step 2 문장 완성하기

주어	동사	목적어	
I	study	English.	나는 영어를 공부한다.
I	studied*	English.	나는 영어를 공부했다.
I	will study	English.	나는 영어를 공부할 것이다.
I	can study	English.	나는 영어를 공부할 수 있다.

준쌤의 Tip 하나!

위의 예문들을 보시면 과거시제 문장만 동사 원형(study)이 사용되지 않은 것을 알 수 있어요. 평서문의 경우 과거시제 문장만 스펠링이 다른 과거형 동사*가 들어가니 이 부분을 꼭 기억해 주세요.

> **ex** study - studied* - will study - can study
> (현재)   (과거)   (미래)   (능력)

실생활 영어 표현 익히기 ▶ 단어의 위치를 생각하며 문장을 만들어 보세요.

1. 나는 그녀를 안다.
   (know)

2. 나는 요가를 한다.
   (do)

3. 나는 영화 볼 거다.
   (will watch)

4. 나는 오늘 운동할 수 있다.
   (can work out)

5. 너는 영어를 말 할 수 있다.
   (can speak)

6. 그는 여기에 올 것이다.
   (will come)

7. 우리는 골프를 칠 것이다.
   (will play)

8. 우리는 커피를 마셨다.
   (drank)

9. 우리는 쇼핑 갈 수 있다.
   (can go)

10. 그들은 점심을 먹었다.
    (ate)

11. 그들은 피자를 만든다.
    (make)

12. 그들은 매년 여행한다.
    (travel)

 **영어 문장 확인하기**

1. I know her.
2. I do yoga.
3. I will watch a movie.
4. I can work out today.
5. You can speak English.
6. He will come here.
7. We will play golf.
8. We drank coffee.
9. We can go shopping.
10. They ate lunch.
11. They make pizza.
12. They travel every year.

Unit 03 부정문
동사의 비밀 공개

■ Unit 02~04은 '시제별 영어 문장 1000개 만드는 방법' 영상의 내용입니다.

평서문과 마찬가지로 부정문도 동사만 바꿔주면 시제별로 문장들을 완성시킬 수 있습니다. 부정문을 만들 때 현재는 'do not', 과거는 'did not', 미래는 'will not', 그리고 능력이나 허락은 'cannot'을 사용해 주는데, 이 단어들의 위치는 동사 앞이에요. 예를 들어 '공부한다'라는 뜻의 동사 study의 경우, do not study, did not study, will not study, cannot study가 되는 거죠.

강의 영상 보기

🖋 키위엔 단어 위치 학습법

주어	동사	목적어

I	study	English.	나는 영어를 공부한다.
I	do not study	English.	나는 영어를 공부하지 않는다.
I	did not study	English.	나는 영어를 공부하지 않았다.
I	will not study	English.	나는 영어를 공부하지 않을 것이다.
I	cannot study	English.	나는 영어를 공부할 수 없다.

● 부정문 시제별 한국어 뜻

do not ~	~하지 않는다	(현재)
did not ~	~하지 않았다	(과거)
will not ~	~하지 않을 것이다	(미래)
cannot ~	~할 수 없다	(능력, 허락)

문장 연습하기

📖 Step 1 시제별 동사 잡아주기

주어	동사	목적어		
	drink	마신다		
	do not drink	마시지 않는다	(현재)	
	did not drink	마시지 않았다	(과거)	
	will not drink	마시지 않을 거다	(미래)	
	cannot drink	마실 수 없다	(능력, 허락)	

📖 Step 2 문장 완성하기

주어	동사	목적어	
We	do not drink	coffee.	우리는 커피를 마시지 않는다.
We	did not drink	coffee.	우리는 커피를 마시지 않았다.
We	will not drink	coffee.	우리는 커피를 마시지 않을 거다.
We	cannot drink	coffee.	우리는 커피를 마실 수 없다.

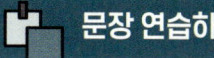 준쌤의 Tip 하나!

부정문도 평서문과 같이 동사의 변화만으로 4문장을 만들 수 있어요. 동사 하나의 응용만으로 평서문 4문장과 부정문 4문장, 이렇게 총 8문장을 만들어 낼 수 있는 거죠!

실생활 영어 표현 익히기 ▶ 단어의 위치를 생각하며 문장을 만들어 보세요.

1. 저는 TV를 보지 않아요.
   (watch)

2. 저는 차를 가져오지 않았어요.
   (bring)

3. 저는 스마트폰이 없어요.
   (have)

4. 당신은 이곳에 올 수 없어요.
   (come)

5. 그는 커피를 마시지 않을 거예요.
   (drink)

6. 그는 오늘 일하지 않을 거예요.
   (work)

7. 그녀는 거기에 가지 않았어요.
   (go)

8. 그녀는 무서운 영화들을 보지 않을 거예요.
   (watch)

9. 우리는 오늘 밤에 운동할 수 없어요.
   (work out)

10. 우리는 영어를 할 수 없어요.
    (speak)

11. 그들은 어제 일을 하지 않았어요.
    (work)

12. 그들은 야채를 먹지 않아요.
    (eat)

키위엔 Vocab

- **bring** 가져오다
- **work out** 운동하다

 영어 문장 확인하기

1. I do not watch TV.
2. I did not bring my car.
3. I do not have a smartphone.
4. You cannot come here.
5. He will not drink coffee.
6. He will not work today.
7. She did not go there.
8. She will not watch scary movies.
9. We cannot work out tonight.
10. We cannot speak English.
11. They did not work yesterday.
12. They do not eat vegetables.

Unit 04 동사 단어 10개로 80문장 만들기

■ Unit 02~04은 '시제별 영어 문장 1000개 만드는 방법' 영상의 내용입니다.

영어 문장에서 가장 중요한 건 동사!
동사만 잘 응용해 주면 바로 평서문과 부정문이 시제별로 8문장이나 가능합니다. 키위엔의 특허받은 단어 위치 학습법을 사용하면 단어 하나만 공부해도 8개의 문장을 말할 수 있게 되는 효과를 얻을 수 있어요.

강의 영상 보기

🖉 키위엔 단어 위치 학습법

주어	동사	목적어		
I	eat	lunch.	나는 점심을 먹는다.	
I	ate	lunch.	나는 점심을 먹었다.	평서문 +4
I	will eat	lunch.	나는 점심을 먹을 거다.	
I	can eat	lunch.	나는 점심을 먹을 수 있다.	
I	do not eat	lunch.	나는 점심을 먹지 않는다.	
I	did not eat	lunch.	나는 점심을 먹지 않았다.	부정문 +4
I	will not eat	lunch.	나는 점심을 먹지 않을 것이다.	
I	cannot eat	lunch.	나는 점심을 먹을 수 없다.	

문장 연습하기

📖 동사 단어 watch로 8문장 만들기

주어	동사	목적어	
I	watch	TV.	나는 TV를 본다.
I	watch**ed**	TV.	나는 TV를 봤다.
I	**will** watch	TV.	나는 TV를 볼 것이다.
I	**can** watch	TV.	나는 TV를 볼 수 있다.
I	**do not** watch	TV.	나는 TV를 보지 않는다.
I	**did not** watch	TV.	나는 TV를 보지 않았다.
I	**will not** watch	TV.	나는 TV를 보지 않을 것이다.
I	**cannot** watch	TV.	나는 TV를 볼 수 없다.

📖 부정문 축약형을 확인해 보세요.

I **don't** watch TV.
(do not)

I **didn't** watch TV.
(did not)

I **won't** watch TV.
(will not)

I **can't** watch TV.
(cannot)

준쌤의 Tip 하나!

키위엔의 학습법을 사용하면 동사 단어 하나에 8문장이 가능하니 여러분이 **동사 단어를 15개**만 알아도 100개가 넘는 문장을 만들 수 있어요.

ex) 15 (동사) X 8 (문장) = 120문장 !!!

실생활 영어 표현 익히기 ▶ 단어의 위치를 생각하며 문장을 만들어 보세요.

1. 나는 넷플릭스로 영화를 봤다.
   (watch)
2. 나는 내 방을 청소했다.
   (clean)
3. 나는 스마트폰을 가지고 있지 않다.
   (have)
4. 너는 영어를 할 수 있어.
   (speak)
5. 그는 서울에 가지 않을 것이다.
   (go)
6. 그는 너를 도와줄 수 없어.
   (help)
7. 그녀는 점심을 먹을 수 없다.
   (eat)
8. 그녀는 여기 오지 않을 것이다.
   (come)
9. 우리는 일찍 일어나지 않았다.
   (wake up)
10. 우리는 책들을 살 것이다.
    (buy)
11. 우리는 커피를 마시지 않는다.
    (drink)
12. 그들은 늦게 잔다.
    (sleep)

영어 문장 확인하기

1. I watched a movie on Netflix.
2. I cleaned my room.
3. I don't have a smartphone.
4. You can speak English.
5. He will not go to Seoul.
6. He can't help you.
7. She can't eat lunch.
8. She will not come here.
9. We didn't wake up early.
10. We will buy books.
11. We don't drink coffee.
12. They sleep late.

Unit 05 더 자세한 문장 만들기
주어 동사 목적어 + +

■ Unit 01, 05는 '어순 완전 정복' 영상의 내용입니다.

'주어 + 동사 + 목적어' 순으로 기본 문장을 만든 후 더 자세한 문장을 만들고 싶다면 목적어 뒤로 필요한 단어들을 하나씩 위치시켜주면 됩니다. 그럼 문장을 확장하는 방법을 함께 알아보도록 할까요?

강의 영상 보기

🖊 키위엔 단어 위치 학습법

주어	동사	목적어	+	+

I study English.
나는 영어를 공부한다.

I study English at 7.
나는 7시에 영어를 공부한다.

I study English at 7 every day.
나는 매일 7시에 영어를 공부한다.

👨‍🏫 준쌤의 Tip 하나!

영어로 대화 시 문장 안에 목적어 다음부터 오는 단어들은 아래의 예문처럼 순서가 바뀌어도 크게 상관없어요. 중요한 점은 '주어 + 동사 + 목적어'의 순서는 바뀔 수 없다는 거예요.

I study English at 7 every day.   나는 매일 7시에 영어 공부한다.
I study English every day at 7.   나는 7시에 매일 영어 공부한다.

문장 연습하기

더 자세한 문장 만들기 (평서문)

주　　동　　목　　　　+　　　　+

I watched a movie.
나는 영화 한 편을 봤다.

I watched a movie with my family.
나는 가족들과 영화 한 편을 봤다.

I watched a movie with my family at home.
나는 집에서 가족들과 영화 한 편을 봤다.

더 자세한 문장 만들기 (부정문)

주　　동　　목　　　　+　　　　+

I do not play golf.
나는 골프를 치지 않아.

I do not play golf with my friends.
나는 친구들과 골프를 치지 않아.

I do not play golf with my friends on weekends.
나는 주말에 친구들과 골프를 치지 않아.

PART 1　33

실생활 영어 표현 익히기
▶ 단어의 위치를 생각하며 문장을 만들어 보세요.

1 그는 점심을 먹을 거다.

그는 집에서 점심을 먹을 거다.

2 그들은 집에 있지 않을 거다.

그들은 온종일 집에 있지 않을 거다.

3 우리는 도서관에 간다.

우리는 주말마다 도서관에 간다.

4 너는 이 영화를 봤다.

너는 나랑 이 영화를 봤다.

너는 나랑 이 영화를 영화관에서 봤다.

5 난 부산에 갈 거야.

난 KTX로 부산에 갈 거야.

난 내일 KTX로 부산에 갈 거야.

 키위엔 Vocab

- **stay** 머물다 • **all day long** 온종일 • **every weekend** 매 주말마다
- **movie theater** 영화관

영어 문장 확인하기

1 He will eat lunch.

He will eat lunch at home.

2 They will not stay home.

They will not stay home all day long.

3 We go to the library.

We go to the library every weekend.

4 You watched this movie.

You watched this movie with me.

You watched this movie with me at the theater.

5 I will go to Busan.

I will go to Busan by KTX.

I will go to Busan by KTX tomorrow.

Unit 06 의문문
단어의 위치를 알아야 문장을 만들 수 있다!

평서문이 '주어 + 동사 + 목적어' 순이었다면 의문문은 그 앞에 do, did, will, can을 위치해주는 거예요(여기서 '그 앞에'는 문장의 주어 앞을 의미합니다). 그럼 키위엔의 단어 위치 학습법을 통해 시제별로 다양한 의문문을 만드는 방법을 배워보도록 할게요.

강의 영상 보기

🖉 키위엔 단어 위치 학습법

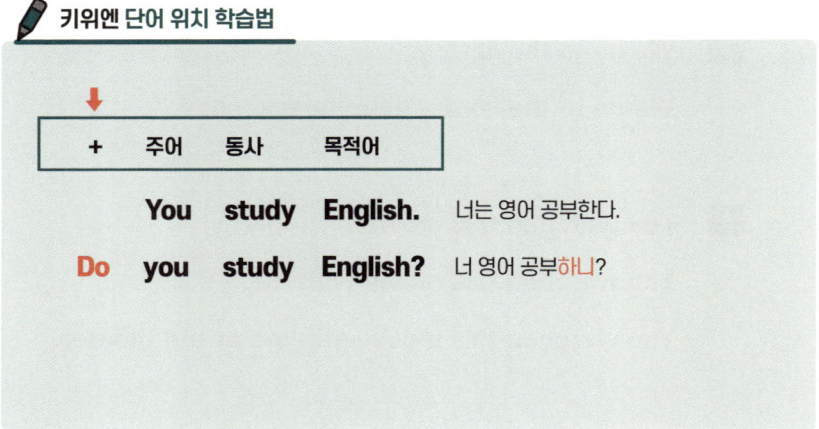

+	주어	동사	목적어	
	You	study	English.	너는 영어 공부한다.
Do	you	study	English?	너 영어 공부하니?

 준쌤의 Tip 하나!

단어의 위치를 배우면 우리가 흔히 아는 영어 단어만으로 다양한 영어문장들을 만들 수 있어요. do, did, will, can의 위치를 알게 된 것만으로도 바로 4개의 의문문을 만들 수 있는 것처럼요. 의문문의 경우 주어, 동사, 목적어에는 변화가 없고, 주어 앞 '+' 자리에 오는 단어만 바꿔주면 되는 것을 기억하세요.

문장 연습하기

시제별 의문문 만들기

+	주어	동사	목적어			
	You	study	English.		너는 영어 공부한다.	
Do	you	study	English?	(현재)	너 영어 공부하니?	
Did	you	study	English?	(과거)	너 영어 공부했니?	+4 문장
Will	you	study	English?	(미래)	너 영어 공부할 거니?	
Can	you	study	English?	(능력)	너 영어 공부할 수 있니?	

● 의문문 시제별 뜻: Do ~하니? Did ~했니? Will ~할 거니? Can ~할 수 있니?

빈칸에 알맞은 단어를 넣어 시제별 의문문을 완성해 보세요.

+	주어	동사	목적어	
	You	travel	every year.	당신은 매년 여행해요.
_____	you	travel	every year?	당신은 매년 여행을 하나요?
_____	you	travel	every year?	당신은 매년 여행을 했나요?
_____	you	travel	every year?	당신은 매년 여행을 할 건가요?
_____	you	travel	every year?	당신은 매년 여행을 할 수 있나요?

실생활 영어 표현 익히기 ▶ 단어의 위치를 생각하며 문장을 만들어 보세요.

1. 너 내일 일해?
2. 너 버스 탔니?
3. 너 오늘 밤 운동할 거니?
4. 에어컨 좀 켜줄 수 있니?
5. 너 지갑 가지고 있어?
6. 그녀는 (그녀의) 휴대폰을 찾았나요?
7. 그가 제 말을 들을까요?
8. 우리 이번 주말에 소풍 갈 수 있나요?
9. 당신은 동물을 좋아하시나요?
10. 너 아침 먹었니?
11. 그녀는 오늘 영어 공부를 할 건가요?
12. 우리 산책하러 갈 수 있을까?

키위엔 Vocab

- **take the bus** 버스 타다
- **exercise** 운동하다
- **A/C (Air Conditioner)** 에어컨
- **go on a picnic** 소풍 가다
- **go for a walk** 산책하다

영어 문장 확인하기

1. Do you work tomorrow?
2. Did you take the bus?
3. Will you exercise tonight?
4. Can you turn on the A/C?
5. Do you have your wallet?
6. Did she find her phone?
7. Will he listen to me?
8. Can we go on a picnic this weekend?
9. Do you like animals?
10. Did you have breakfast?
11. Will she study English today?
12. Can we go for a walk?

Unit 07 더 자세한 질문 하기
육하원칙의 위치와 사용법

do, did, will, can으로 기본 의문문을 만든 후 다시 육하원칙을 문장에 더해 주면 더 자세한 질문을 상대방에게 할 수 있습니다. 이때 육하원칙들은 do, did, will, can 앞에 위치하게 되는데 역시 이번에도 단어들의 위치만 알면 다양한 문장들을 만들 수 있게 되는 거죠. 그럼 아래 예문을 보면서 함께 감을 키워 보도록 할까요?

강의 영상 보기

🖊 키위엔 단어 위치 학습법

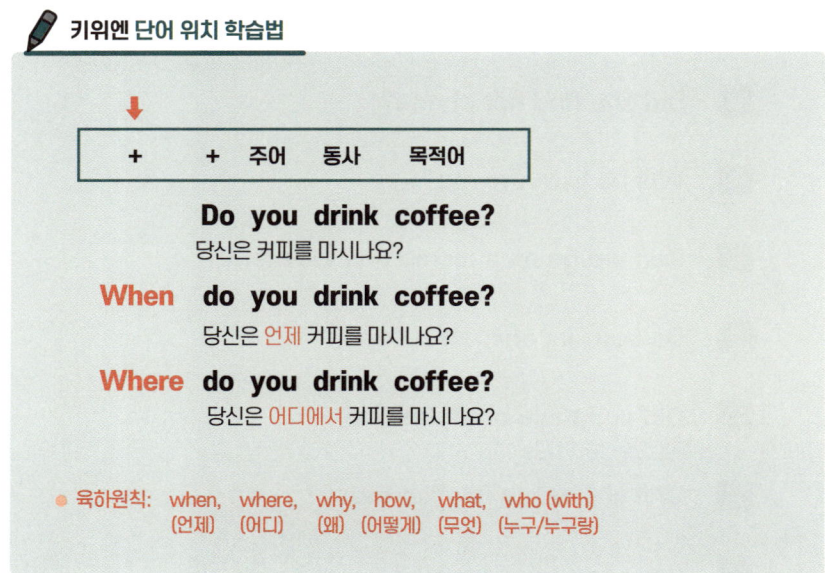

문장 연습하기

육하원칙을 사용해 더 자세한 질문 만들기

+	+	주어	동사	목적어	+

                Did they take pictures?   그들은 사진을 찍었나요?

When did they take pictures?   그들은 언제 사진을 찍었나요?

Where did they take pictures?   그들은 어디에서 사진을 찍었나요?

Why did they take pictures?   그들은 왜 사진을 찍었나요?

Who did they take pictures **with**?   그들은 누구랑 사진을 찍었나요?

준쌤의 Tip 하나!

우리말에도 '누구'라는 표현이 있고 '누구랑'이라는 표현이 있듯이 영어에도 '누구(who)'라는 표현이 있고 '누구랑(who with)'이라는 표현이 있어요. 문장에 '누구랑(who with)'이라는 표현을 사용해줘야 하는 경우에는 'who'로 문장을 시작하고 'with'를 목적어 뒤에 위치시켜 주면서 문장을 완성하시면 됩니다.

    (ex) **Who** did they take pictures **with**?
           누구   랑

• **take pictures** 사진 찍다

실생활 영어 표현 익히기 ▶ 단어의 위치를 생각하며 문장을 만들어 보세요.

1. 너 어젯밤에 어디 갔었어?
2. 너는 (너의) 옷들을 어디에서 사니?
3. 당신은 언제 강아지를 산책시키나요?
4. 그녀는 언제 그것을 끝냈나요?
5. 네가 그걸 어떻게 알아?
6. 어떻게 도와드릴까요?
7. 저녁으로 뭐 드셨어요?
8. 너 오늘 밤에 뭐 할 거야?
9. 우리 이번 주말에 누구 만나?
10. 너 어제 누구랑 놀았니?
11. 그들은 왜 영어를 공부하나요?
12. 너 어젯밤 나한테 왜 전화했어?

키위엔 Vocab

- **walk (누구의) dog** 강아지를 산책시키다
- **for dinner** 저녁식사로
- **tonight** 오늘 밤
- **hang out (with 누구)** ~와 어울리다/ 놀다
- **last night** 어젯밤

 영어 문장 확인하기

1. Where did you go last night?
2. Where do you buy your clothes?
3. When do you walk your dog?
4. When did she finish it?
5. How do you know that?
6. How can I help you?
7. What did you eat for dinner?
8. What will you do tonight?
9. Who will we meet this weekend?
10. Who did you hang out with yesterday?
11. Why do they study English?
12. Why did you call me last night?

Special Lecture
영어회화의 99%가 가능해 지는 어순 총정리

지금까지 배운 모든 영어 어순을 총정리해 드립니다. 키위엔 단어 위치 학습법을 통해 동사 단어 하나로 최대 36문장까지 가능해지는 기적을 경험해 보세요. 동사 단어 10개면 360문장, 30개면 1,000문장 이상의 영어 문장들을 만들 수 있습니다! 아래 정리된 네 가지 어순으로 영어회화의 99%가 가능해집니다.

평서문 어순:

주어	동사	목적어
I	drink	coffee.
I	drank	coffee.
I	will drink	coffee.
I	can drink	coffee.

나는 커피를 마신다.
나는 커피를 마셨다.
나는 커피를 마실 것이다.
나는 커피를 마실 수 있다.

+4 문장

부정문 어순:

주어	동사	목적어
I	do not drink	coffee.
I	did not drink	coffee.
I	will not drink	coffee.
I	can not drink	coffee.

나는 커피를 마시지 않는다.
나는 커피를 마시지 않았다.
나는 커피를 마시지 않을 것이다.
나는 커피를 마실 수 없다.

+4 문장

의문문 어순:

| + | 주어 | 동사 | 목적어 |

Do you drink coffee?   너는 커피를 마시니?
Did you drink coffee?   너는 커피를 마셨니?
Will you drink coffee?   너는 커피를 마실 거니?
Can you drink coffee?   너는 커피를 마실 수 있니?

+4 문장

육하원칙 의문문 어순:

| + | + | 주어 | 동사 | 목적어 |

Where do you drink coffee?
너 어디서 커피를 마시니?

When do you drink coffee?
너 언제 커피를 마시니?

Why do you drink coffee?
너 왜 커피를 마시니?

Who do you drink coffee with?
너 누구랑 커피를 마시니?

최대 +24 문장

- 평서문 4문장, 부정문 4문장, 의문문 4문장, 육하원칙 의문문 최대 24문장
  → **총 36 문장 가능!!**

PART 02

영어의 반은
동사가 들어간
문장이고

나머지 반은
be동사가 들어간
문장이다.

불변의 어순 법칙 마스터하기

영어는 동사가 들어간 문장과 be동사가 들어간 문장으로 나뉩니다. 그래서 영어로 질문 시 'Are you ~ ?' 도 있고 'Do you ~ ?' 도 있는 거죠. Part 01 에서는 동사가 들어간 문장들의 구조와 어순을 우리의 것으로 만들어 보았는데요. Part 02에서는 영어의 나머지 반인 be 동사가 들어간 문장들을 배우고 전체적인 영어 문장에 대한 이해를 완성해 보겠습니다.

Unit 08 be 동사
영어의 반은 be 동사 문장

■ Unit 08~09, 14~16은 '영어의 반은 be동사!' 영상의 내용입니다.

영어는 동사가 들어간 문장과 be동사가 들어간 문장으로 나뉩니다. 그래서 질문을 할 때 'Are you~?'가 있고 'Do you~?'가 있는 거죠. 이번 강의에서는 영어의 또 다른 반을 차지하는 be동사(am, are, is)가 들어간 문장 만드는 법을 배워 보도록 할게요.

강의 영상 보기

🖊 키위엔 단어 위치 학습법

> **be 동사**   뜻: ~이다
> 기능: 동사화 (동사가 아닌 단어를 동사로 만들어줌)

tired 피곤한 → **be tired** 피곤하다
(형용사)   (동사)

happy 행복한 → **be happy** 행복하다
(형용사)   (동사)

＊영어 문장은 '주어 + 동사 + 목적어'이기 때문에 먼저 형용사를 동사로 바꿔줘야 문장을 만들 수 있습니다.

👨‍🏫 준쌤의 Tip 하나!

형용사는 '피곤한' 또는 '행복한'과 같이 어떠한 "상태"를 나타내는 말이고, 우리말로는 뜻이 'ㄴ'으로 끝납니다. 동사는 우리말로 '~다'로 끝나고, 형용사는 'ㄴ'으로 끝나는 것을 알면 더 이상 동사와 형용사를 헷갈리지 않고 쉽게 구분해 사용할 수 있어요.

(ex) **tired** 피곤한   **happy** 행복한   **expensive** 비싼

48 키위엔

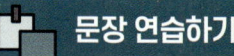 문장 연습하기

Step 1 be동사 문장을 이해하려면 형용사의 뜻부터 제대로 알아야 합니다.

busy	바쁘다	(X)	→	바쁜	(O)
hungry	배고프다	(X)	→	배고픈	(O)
important	중요하다	(X)	→	중요한	(O)

Step 2 형용사를 동사로 바꿔 줍니다.

형용사			동사	
busy	바쁜	→	be busy	바쁘다
hungry	배고픈	→	be hungry	배고프다
important	중요한	→	be important	중요하다

Step 3 주어에 알맞게 be동사를 바꿔 문장을 완성해 줍니다.

주어	동사	목적어	
I	am busy	today.	나는 오늘 바쁘다.
We	are hungry	now.	우리는 지금 배고프다.
It	is important.		그것은 중요하다.

- I → am   You/ We/ They → are   He/ She/ It → is

PART 2 49

실생활 영어 표현 익히기 ▸ 단어의 위치를 생각하며 문장을 만들어 보세요.

1. 우리는 행복하다.
   (be happy)

2. 나는 오늘 피곤하다.
   (be tired)

3. 그들은 배고프다.
   (be hungry)

4. 그것은 아름답다.
   (be beautiful)

5. 그녀는 키가 크다.
   (be tall)

6. 이 차는 비싸다.
   (be expensive)

7. 내 방은 오늘 깨끗하다.
   (be clean)

8. 우리는 내일 바빠요.
   (be busy)

9. 그는 모두에게 착해요.
   (be nice)

10. 그들은 화가 났어요.
    (be upset)

11. 그 식당은 커요.
    (be big)

12. 오늘은 날씨가 매우 추워요.
    (be cold)

키위엔 Vocab

- **to everyone** 모두에게

 **영어 문장 확인하기**

1. We are happy.
2. I am tired today.
3. They are hungry.
4. It is beautiful.
5. She is tall.
6. This car is expensive.
7. My room is clean today.
8. We are busy tomorrow.
9. He is nice to everyone.
10. They are upset.
11. The restaurant is big.
12. It is very cold today.

Unit 09 be 동사 부정문
am not과 do not의 구분법

■ Unit 08~09, 14~16은 '영어의 반은 be동사!' 영상의 내용입니다.

동사가 들어간 문장은 'do not'을 사용해서 부정문을 만들지만, be동사가 들어간 문장은 'be not'으로 부정문을 만들어 줍니다. 그래서 '피곤하지 않다'는 'be not tired'가 되는 것이고, '나는 피곤하지 않다.'라는 문장은 'I am not tired.'가 되는 거죠.

강의 영상 보기

🖊 키위엔 단어 위치 학습법

주어	동사	목적어	
	be tired		피곤하다
	↓		
	be not tired		피곤하지 않다
I	**am not tired**	now.	나는 지금 피곤하지 않다.

준쌤의 Tip 하나!

'be + 형용사'가 하나의 동사인 것처럼 'be not + 형용사'도 하나의 동사로 보는 거예요!
(ex) be tired (동사) 피곤하다   be not tired (동사) 피곤하지 않다

문장 연습하기

be동사 부정문 만들기

주어	동사	목적어	
	be not	busy	바쁘지 않다.
I	am not	busy.	나는 바쁘지 않다.
You	are not	busy.	너는 바쁘지 않다.
He	is not	busy.	그는 바쁘지 않다.
She	is not	busy.	그녀는 바쁘지 않다.
We	are not	busy.	우리는 바쁘지 않다.
They	are not	busy.	그들은 바쁘지 않다.

실전 대화 연습하기

A I want a new phone. 나 새로운 휴대폰을 원해.

B Why? Your phone is pretty new. 왜? 꽤 새것인 거 같은데.

A My phone is not old, but it is slow. 내 휴대폰이 오래된 건 아닌데 느려.

- **pretty** 꽤, 어느 정도

실생활 영어 표현 익히기 ▶ 단어의 위치를 생각하며 문장을 만들어 보세요.

1 그녀는 행복하다.

그녀는 행복하지 않다.

2 나는 졸리다.

나는 졸리지 않다.

3 이 영화는 웃기다.

이 영화는 웃기지 않는다.

4 그는 연기에 관심이 있다.

그는 연기에 관심이 없다.

5 내 형들은 게으르다.

내 형들은 게으르지 않다.

6 이 인터뷰는 나에게 중요하다.

이 인터뷰는 나에게 중요하지 않다.

키위엔 Vocab

- **sleepy** 졸린
- **acting** 연기
- **interested in (무엇)** ~에 관심있는
- **lazy** 게으른

영어 문장 확인하기

1. She is happy.
   She is not happy.

2. I am sleepy.
   I am not sleepy.

3. This movie is funny.
   This movie is not funny.

4. He is interested in acting.
   He is not interested in acting.

5. My brothers are lazy.
   My brothers are not lazy.

6. This interview is important to me.
   This interview is not important to me.

Unit 10. be 동사 의문문
움직임 하나로 의문문이 가능하다!

■ Unit 10~11, 13은 'be동사 문장 만들기 최종편' 영상의 내용입니다.

be동사 의문문의 경우, 평서문 기준에서 동사 자리에 위치한 be동사 (am, are, is)를 주어 앞으로 이동시켜주면 바로 질문이 됩니다. 즉 be동사의 위치 변화만으로 평서문에서 의문문을 만들 수 있는 거죠.

강의 영상 보기

🖊 키위엔 단어 위치 학습법

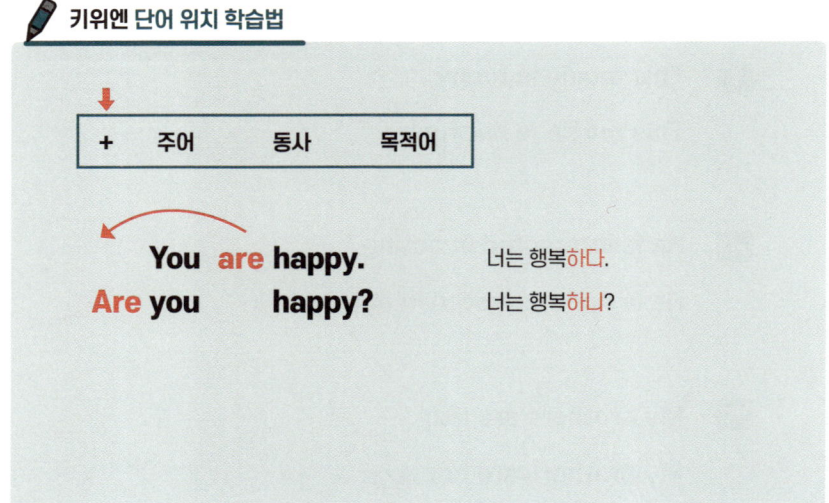

| + | 주어 | 동사 | 목적어 |

You are happy.   너는 행복하다.
Are you happy?   너는 행복하니?

준쌤의 Tip 하나!

위의 예문들처럼 평서문에서 의문문을 만드는 연습을 하시면 쉽게 다양한 be동사 의문문을 여러분의 것으로 만들 수 있어요!

문장 연습하기

be동사 의문문 만들기

+ 주어   동사   목적어

	It	is important	to me.	그것은 나에게 중요해요.
Is	it	important	to you?	그게 당신에게 중요한가요?

주어진 평서문을 의문문으로 바꿔보세요.

	She	is busy	today.	그녀는 오늘 바쁘다.
___	she	busy	today?	그녀는 오늘 바쁜가요?
	We	are wrong	about it.	우리가 그것에 대해 틀렸다.
___	we	wrong	about it?	우리가 그것에 대해 틀렸나요?

실전 대화 연습하기

A   Is it hot outside?   밖에 더워?
B   No, but it is so humid.   아니, 그런데 너무 습해.

● **important** 중요한   ● **wrong** 틀린, 잘못된   ● **humid** 습한

실생활 영어 표현 익히기 ▶ 단어의 위치를 생각하며 문장을 만들어 보세요.

1	They are excited.	→	
	그들은 신났다.		그들은 신났니?

2	It is hot outside.	→	
	밖은 덥다.		밖은 더운가요?

3	He is okay.	→	
	그는 괜찮다.		그는 괜찮나요?

4	I am late again.	→	
	나 또 늦었어.		나 또 늦었어?

5	We are ready now.	→	
	우리는 이제 준비됐어요.		우리 이제 준비됐나요?

6	I am right.	→	
	제가 맞아요.		제가 맞나요?

7	She is sick today.	→	
	그녀는 오늘 아파요.		그녀는 오늘 아픈가요?

8	He is good at games.	→	
	그는 게임을 잘한다.		그는 게임을 잘하니?

9	His ideas are creative.	→	
	그의 아이디어들은 창의적이다.		그의 아이디어들은 창의적인가요?

10	Your computer is expensive.	→	
	너의 컴퓨터는 비싸다.		너의 컴퓨터는 비싸니?

 키위엔 Vocab

- **right** 옳은, 맞는　　● **be good at (무엇)** ~을 잘한다　　● **creative** 창의적인

 **영어 문장 확인하기**

1. Are they excited?
2. Is it hot outside?
3. Is he okay?
4. Am I late again?
5. Are we ready now?
6. Am I right?
7. Is she sick today?
8. Is he good at games?
9. Are his ideas creative?
10. Is your computer expensive?

Unit 11. be동사 문장 총정리

■ Unit 10~11, 13은 'be동사 문장 만들기 최종편' 영상의 내용입니다.

Unit 8부터 Unit 10까지를 통해 be동사의 역할과 문장 안에서의 위치 변화를 배워 필요한 문장들을 쉽게 만들 수 있게 되었습니다. 그럼 평서문, 부정문, 의문문을 모두 정리해서 한 번에 비교해 보도록 할까요?

강의 영상 보기

키위엔 단어 위치 학습법

+	주어	동사	목적어		
	It	is	easy.	그것은 쉽다.	(평서문)
	It	is not	easy.	그것은 쉽지 않다.	(부정문)
Is	it		easy?	그것은 쉽니?	(의문문)

준쌤의 Tip 하나!

평서문, 부정문, 그리고 의문문은 대화하기 위해서 존재해요. 상대방이 의문문으로 물으면 우리가 평서문이나 부정문으로 대답하면서 대화가 이루어지는 거죠.

문장 연습하기

be동사 문장으로 대화 만들기

A __Are__ you thirsty?   너 목마르니?

B Yes, I __am__ thirsty.   네, 목말라요.
   No, I __am not__ thirsty.   아니요, 목마르지 않아요.

빈칸에 알맞은 단어를 넣어서 문장을 완성하세요.

A _____ she famous?   그녀는 유명한가요?

B Yes, she __is__ famous.   네, 그녀는 유명해요.
   No, she _____ famous.   아니요, 그녀는 유명하지 않아요.

실전 대화 연습하기

A **Are** you hungry?
   너 배고파?

B No, I **am not** hungry. I just had lunch.
   아니, 나 배고프지 않아. 나 방금 점심 먹었어.

● **have** 가지다, 먹다 (과거형 : **had**)

실생활 영어 표현 익히기 ▶ 단어의 위치를 생각하며 문장을 만들어 보세요.

1. A 당신은 지루한가요? Are you bored?
   B 네, 저는 지루해요. Yes, _____

2. A 그녀는 건강한가요? Is she healthy?
   B 네, 그녀는 건강해요. Yes, _____

3. A 오늘 날씨가 추운가요? Is it cold today?
   B 아니요, 오늘 춥지 않아요. No, _____

4. A 그들은 준비가 됐나요? Are they ready?
   B 네, 그들은 준비가 됐어요. Yes, _____

5. A 저 오늘 지각인가요? Am I late today?
   B 아니요, 늦지 않으셨어요. No, _____

6. A 이 사진이 당신에게 중요한가요? Is this picture important to you?
   B 네, 이 사진은 제게 중요해요. Yes, _____

 키위엔 **Vocab**

- **be healthy** 건강하다
- **be important** 중요하다

영어 문장 확인하기

1. Yes, I am bored.

2. Yes, she is healthy.

3. No, it is not cold today.

4. Yes, they are ready.

5. No, you are not late.

6. Yes, this picture is important to me.

Unit 12
be 동사의 두 번째 뜻
~에 있다 (위치/장소)

be동사는 '~이다'라는 뜻 외에도 반드시 알아야 하는 뜻이 있어요. 바로 '~에 있다'라는 뜻입니다. 그래서 'I am home.'은 '나는 집에 있다.'라는 뜻이 되는 거죠. 뜻만 다를 뿐 be동사가 들어가는 모든 문장은 만드는 방법이 동일합니다. 그럼 장소나 위치를 나타내는 be동사 문장들을 함께 확인해 보도록 할게요.

강의 영상 보기

🖉 키위엔 단어 위치 학습법

be outside	밖에 있다
↓	
They are outside.	그들은 밖에 있다.
They are not outside.	그들은 밖에 있지 않다.
Are they outside?	그들은 밖에 있니?

 준쌤의 **Tip** 하나!

be 동사는 사람의 위치뿐만이 아니라 차, 건물, 휴대폰 등 사물의 위치도 나타낼 수 있어요!

(ex) Your phone is on the table. 너의 휴대폰은 식탁위에 있어.

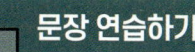 문장 연습하기

 be동사 문장 만들기

	be	home		
I	am	home.	집에 있다	
			나는 집에 있다.	(평서문)
	be not	here	여기에 있지 않다	
She	is not	here.	그녀는 여기에 있지 않아요.	(부정문)
	He	is	there.	그는 거기에 있어요.
Is	he		there?	그는 거기에 있나요? (의문문)

실전 대화 연습하기

A Where are you?
너 어디야?

B I am almost there. Come out in 5 minutes.
나 거의 다 왔어. 5분 후에 나와.

A I am already at the gate.
나 이미 정문에 있어.

- **come out** 나오다   - **gate** 정문, 출입구

실생활 영어 표현 익히기
▶ 단어의 위치를 생각하며 문장을 만들어 보세요.

1. 나 부엌에 있어.

2. 그녀는 직장에 있어요.

3. 그들은 공항에 있어요.

4. 너의 키는 테이블 위에 있어.

5. 그거 차에 없어.

6. 그녀는 방에 없다.

7. 우리는 아직 거기에 있지 않아요.

8. 네 휴대폰 여기 없어.

9. 너 사무실 안에 있니?

10. 그는 병원에 있나요?

11. 그들은 한국에 있나요?

12. 거기 누구 있나요?

영어 문장 확인하기

1. I am in the kitchen.
2. She is at work.
3. They are at the airport.
4. Your key is on the table.
5. It is not in the car.
6. She is not in her room.
7. We are not there yet.
8. Your phone is not here.
9. Are you in the office?
10. Is he at the hospital?
11. Are they in Korea?
12. Who is there?

Unit 13 육하원칙 + be 동사 의문문
be동사 문장도 육하원칙 응용이 가능!

■ Unit 10~11, 13은 'be동사 문장 만들기 최종편' 영상의 내용입니다.

be동사가 들어간 문장도 역시 육하원칙을 사용해 상대방에게 더 자세하고 구체적인 질문을 할 수 있습니다. 기본 의문문을 만들어 준 후 육하원칙을 그 앞에 위치해 주면 되는 거죠. 그러면 be동사가 들어간 육하원칙 의문문들을 만들어 보도록 할까요?

강의 영상 보기

🖊 키위엔 단어 위치 학습법

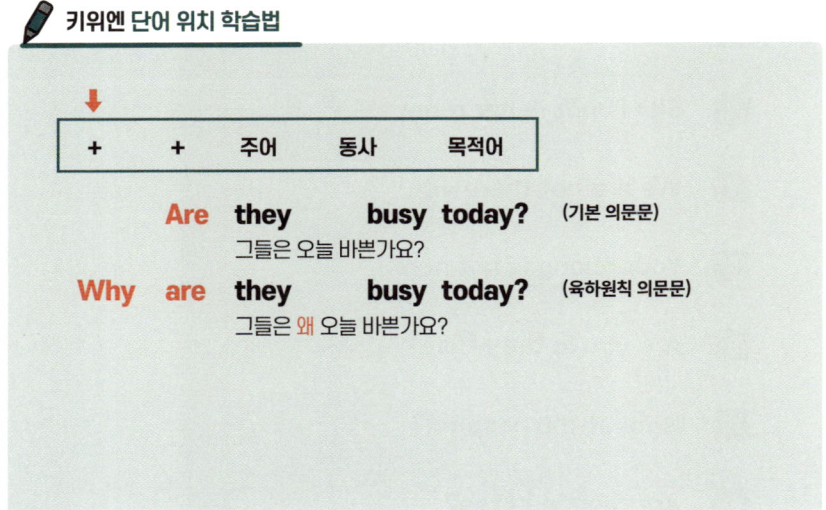

준쌤의 Tip 하나!

be동사가 들어간 문장도 동사가 들어간 문장과 '육하원칙 의문문'을 만드는 방법은 동일해요. 두 형식의 문장 모두 기본 의문문 앞에 육하원칙을 위치시켜주는 거죠.

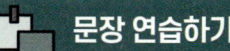 문장 연습하기

 육하원칙을 사용해 더 자세한 질문 만들기

      Is she late?   그녀가 늦었나요?
Why is she late?   그녀가 왜 늦었나요?

      Are they different?   그것들은 다른가요?
How are they different?   그것들은 어떻게 다른가요?

      Are you excited?   신나니?
What are you excited about?   뭐가 신나?

실전 대화 연습하기

A **What** are you so excited about?
뭐가 그렇게 신나?

B I am going on a vacation. I'm very excited.
나 휴가 가. 너무 신나.

- **go on a vacation** 휴가를 가다

실생활 영어 표현 익히기
▶ 단어의 위치를 생각하며 문장을 만들어 보세요.

1. 날씨가 어떤가요?
2. 거기 음식은 어때요?
3. 당신의 직업은 무엇인가요?
4. 당신의 휴대폰은 어디에 있나요?
5. 그녀는 누구랑 있나요?
6. 오늘 왜 이렇게 더운 건가요?
7. 그 영화 어때요?
8. 당신은 그녀가 왜 무서운가요?
9. 그들은 왜 음악에 관심이 있나요?
10. 당신의 생일은 언제인가요?
11. 마감일이 언제죠?
12. 그 식당은 어디에 있나요?

 키위엔 Vocab

- **occupation** 직업
- **due** 예정된, 마감일
- **be located** ~에 위치해 있다

영어 문장 확인하기

1. How is the weather?
2. How is the food there?
3. What is your occupation?
4. Where is your phone?
5. Who is she with?
6. Why is it so hot today?
7. How is the movie?
8. Why are you scared of her?
9. Why are they interested in music?
10. When is your birthday?
11. When is it due?
12. Where is the restaurant located?

Unit 14
be동사 과거 'was/were'
영어 표현을 늘릴 수 있는 지름길!

■ Unit 08~09, 14~16은 '영어의 반은 be동사!' 영상의 내용입니다.

be동사가 들어간 문장들은 be동사만 바꿔주면 과거시제 문장들이 됩니다. am과 is의 과거는 'was'이고 are의 과거는 'were'이에요. 뜻은 '~한 상태였다'와 '~에 있었다' 이렇게 두 가지가 되는 거죠. 반면 부정문의 경우 'was not'과 'were not'이 되는데요. 회화에 필수가 되는 be동사의 과거시제 문장들을 함께 만들어 보겠습니다.

강의 영상 보기

🖉 키위엔 단어 위치 학습법

주어	동사	목적어

She is busy today.   그녀는 오늘 바쁘다.   (현재)
She was busy today.   그녀는 오늘 바빴다.   (과거)

72 키위엔

문장 연습하기

be동사 과거시제 문장 만들기

▶ 평서문

She **is** happy today.   그녀는 오늘 행복해요.
She **was** happy today.   그녀는 오늘 행복했어요.

▶ 부정문

It **is not** hot outside.   밖은 덥지 않아요.
It **was not** hot outside.   밖은 덥지 않았어요.

▶ 의문문

Are they late to work?   그들은 직장에 늦었나요?
Were they late to work?   그들은 직장에 늦었었나요?

준쌤의 Tip 하나!

영어는 문장의 시제만 바꿀 수 있어도 다양한 표현들이 가능해져요.

주어	be 현재/과거
I	am/ was
You	are/ were
He/She	is/ was
We/They	are/ were
It/This/That	is/ was

• **late** 늦은

실생활 영어 표현 익히기
▶ 단어의 위치를 생각하며 문장을 만들어 보세요.

1 그들은 운이 좋다.

그들은 운이 좋았다.

2 그것은 공평하지 않아요.

그것은 공평하지 않았어요.

3 그는 웃기니?

그는 웃겼니?

4 이것은 복잡하다.

이것은 복잡했다.

5 너 걱정되니?

너 걱정됐니?

6 그 음식은 맛있지 않아요.

그 음식은 맛있지 않았어요.

 키위엔 Vocab

- **be fair** 공평하다
- **be complicated** 복잡하다
- **be worried** 걱정되다

영어 문장 확인하기

1 They are lucky.

They were lucky.

2 It is not fair.

It was not fair.

3 Is he funny?

Was he funny?

4 This is complicated.

This was complicated.

5 Are you worried?

Were you worried?

6 The food is not delicious.

The food was not delicious.

Unit 15 'will + be'
내 영어에 경쟁력을 더해주자

■ Unit 08~09, 14~16은 '영어의 반은 be동사!' 영상의 내용입니다.

'간다'는 영어로 go이고 '갈 것이다'는 영어로 will go가 되죠? 미래시제를 표현하기 위해 'go'라는 동사 앞에 'will'을 위치해 줬듯이 'be busy(바쁘다)'라는 동사 앞에 will을 위치해 주면 'will be busy (바쁠 것이다)'라는 미래 표현이 되는 겁니다. be동사 미래 표현은 will + be이며 그 뜻은 '~한 상태일 것이다'와 '~에 있을 것이다'가 되는 거죠.

강의 영상 보기

🖊 키위엔 단어 위치 학습법

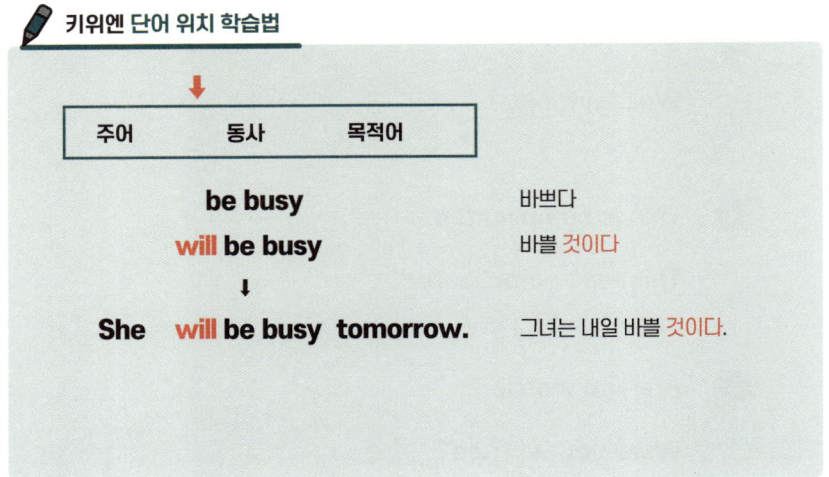

* 한눈에 비교해 보기 - 결국 동사만 만들어 주면 미래시제 표현을 만드는 방법은 동일합니다.

go 간다 (동사)	be busy 바쁘다 (동사)
will go 갈 것이다	will be busy 바쁠 것이다
will not go 가지 않을 것이다	will not be busy 바쁘지 않을 것이다

문장 연습하기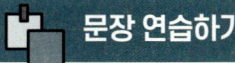

📖 will + be동사 문장 만들기 (상태)

		will be cold		추울 것이다
	It	will be cold	tomorrow.	내일은 추울 거예요.
	It	will not be cold	tomorrow.	내일은 춥지 않을 거예요.
Will	it	be cold	tomorrow?	내일은 추울까요?

📖 will + be동사 문장 만들기 (위치)

		will be home		집에 있을 것이다
	He	will be home	tonight.	그는 오늘 밤 집에 있을 거예요.
	He	will not be home	tonight.	그는 오늘 밤 집에 있지 않을 거예요.
Will	he	be home	tonight?	그는 오늘 밤 집에 있을 건가요?

👨‍🏫 준쌤의 Tip 하나!

미래시제 문장의 경우 'will' 뒤에 오는 be는 절대 am, are, is로 바뀔 수 없어요. 위 예문을 보시면 주어 he와 be의 사이를 'will'이 막고 있어서 he라는 주어가 be를 더 이상 is로 바꿀 수 없는 거죠. 이렇게 이해하시면 쉽고 헷갈리지 않을 거예요!

실생활 영어 표현 익히기 ▶ 단어의 위치를 생각하며 문장을 만들어 보세요.

1. 그 음식은 맛있어요. **The food is delicious.**
   그 음식은 맛있을 거예요.

2. 그녀는 당신을 자랑스러워해요. **She is proud of you.**
   그녀는 당신을 자랑스러워할 거예요.

3. 우리는 지금 뉴욕에 있지 않아요. **We are not in New York now.**
   우리는 오늘 뉴욕에 있지 않을 거예요.

4. 그 소포는 거기에 있어요. **The package is there.**
   그 소포는 거기에 있을 거예요.

5. 그녀가 늦었나요? **Is she late?**
   그녀가 늦을까요?

6. 그는 12시 이후에 시간이 가능합니다. **He is available after 12.**
   그는 12시 이후에 시간이 가능할 겁니다.

키위엔 Vocab

- **be proud of (누구/무엇)** ~을 자랑스러워하다
- **package** 소포, 포장물
- **available** (사람들을 만날) 시간/ 여유가 있는

 영어 문장 확인하기

1. The food will be delicious.

2. She will be proud of you.

3. We will not be in New York today.

4. The package will be there.

5. Will she be late?

6. He will be available after 12.

Unit 16 'can + be'
영어에 입체감을 더하자

■ Unit 08~09, 14~16은 '영어의 반은 be동사' 영상의 내용입니다.

Unit 15에서 배운 will + be처럼 can을 be 앞에 위치하면 can + be가 됩니다. 뜻은 '~한 상태일 수 있다'와 '~에 있을 수 있다'가 되고 부정문의 경우 cannot + be가 되는 거죠. 그럼 can be가 들어간 다양한 문장들을 보면서 감을 더 키워보도록 할까요?

강의 영상 보기

eat (먹는다)	be busy (바쁘다)
can eat (먹을 수 있다)	can be busy (바쁠 수 있다)
cannot eat (먹을 수 없다)	cannot be busy (바쁠 수 없다)

🖊 키위엔 단어 위치 학습법

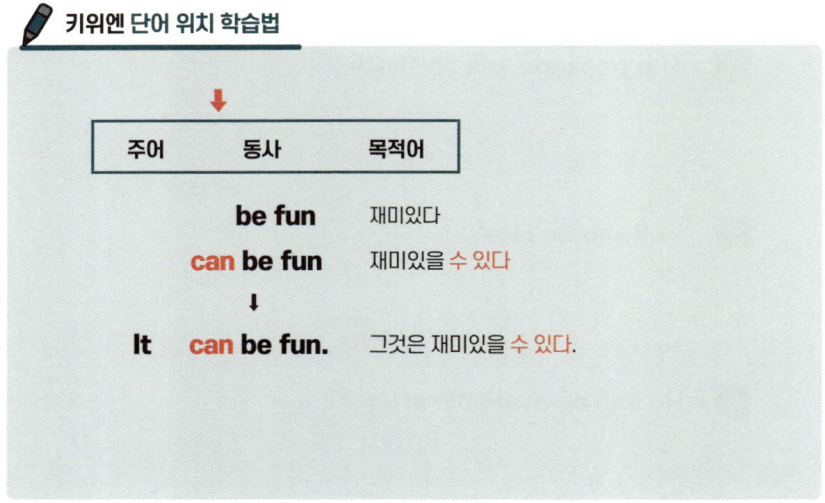

문장 연습하기

📖 can + be동사 문장 만들기 (상태)

can be helpful 도움이 될 수 있다

He can be helpful to us.
그는 우리에게 도움이 될 수 있다.

He cannot be helpful to us.
그는 우리에게 도움이 될 수 없다.

Can he be helpful to us?
그가 우리에게 도움이 될 수 있나요?

📖 can + be동사 문장 만들기 (위치)

can be home 집에 있을 수 있다

They can be home all day long.
그들은 하루 종일 집에 있을 수 있다.

They cannot be home all day long.
그들은 하루 종일 집에 있을 수 없다.

Can they be home all day long?
그들은 하루 종일 집에 있을 수 있나요?

> **준쌤의 Tip 하나!**
>
> can + be가 들어간 문장도 can 뒤에 오는 be는 절대 am, are, is로 바뀔 수 없어요. 위 예문을 보시면 주어 they와 be의 사이를 'can'이 막고 있어서 they라는 주어가 be를 더 이상 are로 바꿀 수 없는 거죠. 이렇게 이해하시면 헷갈리지도 않고 쉽게 문장을 만들 수 있어요!

- **helpful** 도움이 되는

실생활 영어 표현 익히기 ▶ 단어의 위치를 생각하며 문장을 만들어 보세요.

1 그녀는 좋은 친구예요.   She is a good friend.
그녀는 좋은 친구가 될 수 있어요.

2 우리는 부자다.   We are rich.
우리는 부자가 될 수 있다.

3 그것은 사실이 아니다.   It is not true.
그것이 사실일 수 없다.

4 그것은 어렵다.   It is difficult.
그것은 어려울 수 있다.

5 너 확신하니?   Are you sure?
너 확신할 수 있니?

6 그것은 위험해.   It is dangerous.
그것은 위험할 수 있어.

영어 문장 확인하기

1. She can be a good friend.

2. We can be rich.

3. It cannot be true.

4. It can be difficult.

5. Can you be sure?

6. It can be dangerous.

Special Lecture
어순 총정리 (동사 문장 vs be동사 문장)

지금까지 동사 문장과 be동사 문장에 대해서 모두 배워 봤습니다. 그리고 이 두 형식의 문장들도 같은 '문장의 틀' 안에서 만들어진다는 것을 알게 되었죠. 결국 영어 문장의 어순은 동사가 들어간 문장이든 be동사가 들어간 문장이든 '주어 + 동사 + 목적어'가 되는 것이고 이것만 알면 더 이상 문법을 외우지 않아도 쉽게 문장을 말할 수 있습니다.

<동사 문장>

+	+	주어	동사	목적어
		I	go	home.
		I	do not go	home.
	Do	you	go	home?
When	do	you	go	home?

한국어 뜻: 나는 집에 간다.
나는 집에 가지 않는다.
너는 집에 가니?
너는 언제 집에 가니?

<be동사 문장>

+	+	주어	동사	목적어
		I	am happy	today.
		I	**am not** happy	today.
Are		you	happy	today?
When	are	you	happy?	

한국어 뜻 : 나는 오늘 행복하다.
나는 오늘 행복하지 않다.
너는 오늘 행복하니?
너는 언제 행복하니?

Special Lecture
키위엔 영어 치트키
영어 문장의 90% 이상이 가능해지는 비밀 공개!

문장에 동사가 있으면 do not 라인으로, 그리고 문장에 be동사가 있다면 be not 라인으로 부정문을 만들어 주면 돼요. 이 룰은 지금까지 배운 진도와 앞으로 배울 거의 모든 진도에 적용됩니다!

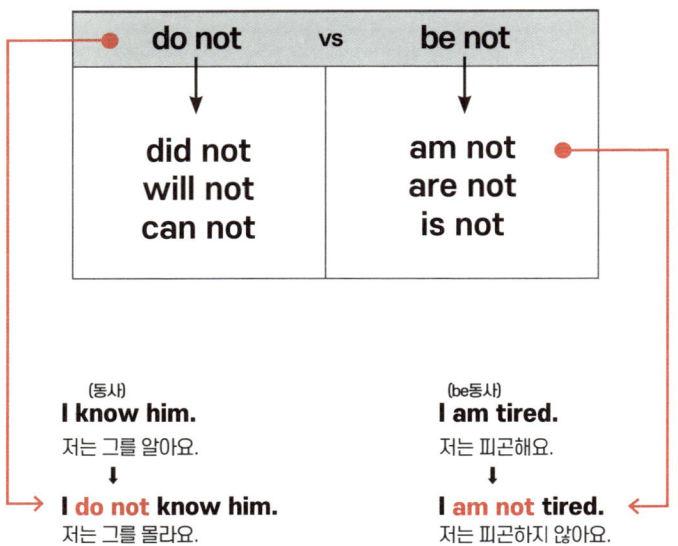

- **do not 라인** - do not, did not, will not, cannot
- **be not 라인** - be not (am not, are not, is not), was/were not, will not be, cannot be

의문문을 만들 때는, 문장에 동사가 있으면 do 라인으로 질문을 만들어주고, 만약 문장에 be동사가 있으면 be 라인으로 의문문을 만들어주면 됩니다! 키위엔의 치트키를 머릿속에 넣고 문장 만드는 연습을 해보세요!

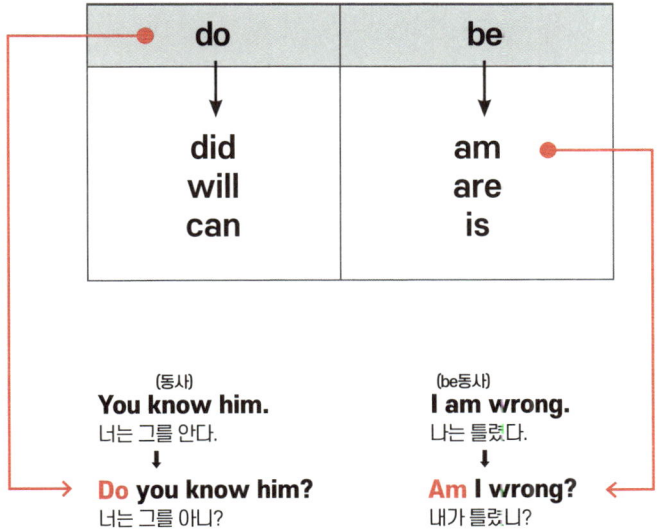

- **do 라인** - do, did, will, can
- **be 라인** - be (am, are, is), was/were, will, can

Unit 17 3인칭 단수
동사 뒤에 'S'는 언제 붙나요?

3인칭 단수는 쉽게 주어의 종류 중 하나라고만 생각해 주면 됩니다. 3인칭 단수가 중요한 이유는 동사에 변화를 주기 때문인데요. 문장의 주어가 he나 she처럼 3인칭 단수가 오면 그 뒤에 따라오는 동사 뒤에 's'가 붙는 거죠. 부정문의 경우 'do not' 대신 'does not'을 사용하며, 의문문을 만들 때는 'do' 대신 'does'를 사용합니다. 이 룰은 문장의 시제가 현재일 때에만 적용됩니다. 문장의 시제가 과거나 미래일 경우에는 주어가 3인칭 단수이더라도 동사 뒤에 's'가 붙지 않아요.

강의 영상 보기

🖊 키위엔 단어 위치 학습법

+	주어	동사	목적어		
	I	drink.		나는 마신다.	
	She	drink**s**.		그녀는 마신다.	(평서문)
	I	do not drink.		나는 마시지 않는다.	
	She	**does not** drink.		그녀는 마시지 않는다.	(부정문)
Do	you	drink?		너 마시니?	
Does	she	drink?		그녀는 마시니?	(의문문)

*3인칭 단수는 I와 you를 제외한 하나인 모든 것들이에요. **He, she, 사람 이름, it, 사물** 등 하나인 것들은 모두 3인칭 단수입니다.

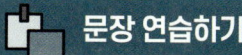
문장 연습하기

📖 3인칭 단수와 동사의 변화

문장의 주어가 3인칭 단수이면 뒤에 따라오는 동사에 변화가 오죠. 일반적으로는 3인칭 단수가 주어로 오면 동사 뒤에 's'가 붙지만 때로는 's' 대신 'es'나 'ies'가 오는 경우도 있어요. 단, 이 규칙은 현재시제의 평서문일 경우에만 적용됩니다.

▶ **'-es'가 붙는 경우**

동사가 o, s, x, sh, ch로 끝나면 동사 뒤에 'es'가 옵니다.

go → goes   watch → watches   push → pushes

'-ies'가 붙는 경우

▶ 동사가 자음 +y로 끝나면 y를 i로 바꾸고 뒤에 es를 붙여 줍니다.
(*자음 = 모음인 a, e, i, o, u를 제외한 모든 알파벳)

study → studies   cry → cries   try → tries

🧑‍🏫 준쌤의 Tip 하나!

동사 뒤에 s, es, 또는 ies가 와도 발음은 모두 동일하게 '스' 발음이 나요! 처음에는 동사 뒤에 s가 와야 하는지 아니면 es나 ies가 와야 하는지, 너무 이런 것들에 집중력과 에너지를 소진하지 마시고 '스'를 발음하는 데 집중해 보세요. 무엇보다 우리가 원하는 것은 말하기 능력이니까요.

실생활 영어 표현 익히기 ▶ 단어의 위치를 생각하며 문장을 만들어 보세요.

1. 그는 요즘 집에서 일해.

2. 그녀는 매일 커피를 마셔.

3. 그녀는 밤에 드라마를 본다.

4. 그는 온라인으로 영어를 배운다.

5. 그녀는 설거지 한다.

6. John은 혼자 여행한다.

7. 그녀는 더운 날씨를 좋아하지 않아요.

8. 그는 방을 청소하지 않아요.

9. 나의 아버지는 더 이상 일을 하시지 않아요.

10. 너의 어머니는 꽃을 좋아하시니?

11. 그는 종종 거기에 가니?

12. 영화 언제 시작해?

키위엔 Vocab

- **work from home** 재택 근무한다
- **do the dishes** 설거지 하다
- **anymore** 더 이상
- **often** 자주, 종종

 영어 문장 확인하기

1. He works from home these days.
2. She drinks coffee every day.
3. She watches dramas at night.
4. He learns English online.
5. She does the dishes.
6. John travels by himself.
7. She does not like hot weather.
8. He does not clean his room.
9. My dad does not work anymore.
10. Does your mom like flowers?
11. Does he go there often?
12. When does the movie start?

Unit 18 긴 영어 문장 만들기
If 만약에 ~라면

■ Unit 18, 26, 31, 43은 '긴 문장 영어 어순' 영상의 내용입니다.

여러분은 이미 긴 영어 문장을 만들 수 있는 능력이 생긴 것을 알고 계시나요? 이번 unit에서는 그동안 배운 문장들을 연결해서 하나의 긴 문장을 만들 수 있게 해주는 '연결고리'에 대해서 배워보겠습니다. 첫 번째로 공유할 연결고리는 '만약 ~라면'이라는 뜻의 'if'입니다.

강의 영상 보기

🖊️ 키위엔 단어 위치 학습법

You can speak English well.
너는 영어를 잘 할 수 있다.

| 문장 1 |

You practice every day.
너는 매일 연습한다.

연결고리

| 문장 2 |

You can speak English well　if　you practice every day.
네가 매일 연습한다면 영어를 잘 할 수 있어.

---

* 이 책에서는 어렵고 복잡하게 들릴 수 있는 '접속사'라는 표현 대신 이해하기 쉽고 기억하기 좋게 '연결고리'라는 표현을 사용합니다. 연결고리는 기본문장 두 개를 하나의 긴 문장으로 연결해주는 역할을 하니까요.

• **practice** 연습하다, 연습

문장 연습하기

연결고리로 두 문장을 이어 긴 문장 만들기

예문 1) 평서문 + 평서문

　　　　　(평서문)　　　　　　　(평서문)
You can go home if you are tired.
만약 네가 피곤하면 집에 가도 돼.

예문 2) 평서문 + 부정문

　　　　　(평서문)　　　　　　　　　　(부정문)
You can lose weight if you don't eat anything after 7.
만약 7시 이후로 아무것도 먹지 않는다면 너는 살을 뺄 수 있어.

예문 3) 의문문 + 평서문

　　　(의문문)　　　　　(평서문)
Can I call you if I need your help?
만약 내가 너의 도움이 필요하면 전화해도 될까?

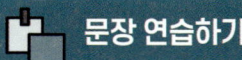 준쌤의 Tip 하나!

평서문, 부정문, 의문문의 응용만으로도 연결고리를 활용해 다양한 문장들을 만들 수 있어요.
게다가 연결고리가 들어간 문장은 앞뒤 두 문장의 위치가 바뀌어도 같은 뜻의 문장이 됩니다!
단, 이 경우 연결고리(if)도 그 뒤에 오는 문장과 함께 이동해 줘야 하는 것을 잊지 마세요.

　　(ex) Can I call you if I need your help? = If I need your help, can I call you?

실생활 영어 표현 익히기 ▶ 단어의 위치를 생각하며 문장을 만들어 보세요.

1. 내가 너의 지갑을 찾는다면 문자 할게.

2. 네가 그러면 그녀는 화가 날 거야.

3. (네가) 열심히 일하면 성공할 거야.

4. 서두르지 않으면 넌 버스를 놓칠 거야.

5. 원하신다면 제가 태워 드릴 수 있어요.

6. 아프시면 집에 가서 쉬어도 괜찮아요.

7. 만약 그녀가 부탁한다면 당신이 그녀를 집에 데려다 줄 수 있나요?

8. 내일 비가 오면 우리는 그곳에 갈 수 없어.

9. 만약 네가 오늘 바쁘면 나는 너를 내일 만나도 돼.

10. 네가 만약 지하철을 타지 않으면 어떻게 출근하니?

11. 네가 사실을 말해 주지 않는다면 그녀는 실망할 거야.

12. 만약 그가 또다시 지각한다면 그에게 경고해 줄 수 있나요?

 키위엔 **Vocab**

- **find** 찾다
- **succeed** 성공하다
- **miss** 놓치다
- **give (누구) a ride** ~를 태워주다
- **take (누구)** ~를 데려다 주다/ 데리고 가다
- **disappointed** 실망한
- **warn** 경고하다

영어 문장 확인하기

1. I will text you if I find your wallet.
2. She will be mad if you do that.
3. You will succeed if you work hard.
4. You will miss the bus if you don't hurry.
5. I can give you a ride if you want.
6. You can go home and rest if you are sick.
7. If she asks, can you take her home?
8. If it rains tomorrow, we cannot go there.
9. If you are busy today, I can meet you tomorrow.
10. If you don't take the subway, how do you go to work?
11. If you don't tell her the truth, she will be disappointed.
12. If he is late to work again, can you warn him?

PART 03

영어 정복의 지름길, 어휘력 패턴

어휘를 300% 높여주는 영어회화 공부법
....
영어의 어휘력을 키우고 쉽게 다양한 표현을 말하기 위해서는 '어휘력 패턴'을 배워야 합니다. 어휘력 패턴들을 배우면 '나는 간다', '나는 먹는다', '나는 일한다' 그리고 '나는 공부한다'와 같은 단조로운 표현들에서 '간다'라는 표현 하나만으로도 '가는 중이다', '가고 싶다', '가야만 한다', '가지 않아도 된다', '가면 안 된다' 등 다양하면서도 실용적인 표현들을 말할 수 있습니다.

Unit 19 to ~하는 것
반드시 알아야 하는 영어 단어 하나!

간단한 단어 하나가 여러분의 영어 실력을 엄청나게 업그레이드해 줄 수 있다는 걸 아시나요? 그 단어는 바로 'to'라는 단어입니다. 우리는 to를 생각하면 '어디로' 또는 '누구에게'라는 뜻의 to를 떠올리는데요. 이번 unit에서 배울 to는 'want to'나 'need to' 또는 'like to'에 사용되는 '~하는 것'이라는 뜻의 to입니다.

강의 영상 보기

🖊 키위엔 단어 위치 학습법

	study		공부하다
	to study		공부하는 것
like	to study		공부하는 것을 좋아한다
→ I like	to study	English.	나는 영어 공부하는 것을 좋아한다. (O)
I like	study	English.	나는 영어 공부한다 좋아한다. (X)

* '~하는 것'이라는 뜻의 to는 원래 'to 부정사'라고 하지만, 이 책에서는 'to 부정사'라는 문법 용어 대신 간단히 'to'라고 부릅니다.

문장 연습하기

to를 사용해 문장 만들기

I need rest. (X) → I need to rest. (O)
나는 쉬는 것이 필요하다.

I want eat pizza. (X) → I want to eat pizza. (O)
나는 피자 먹는 것을 원한다.

I like watch movies. (X) → I like to watch movies. (O)
나는 영화 보는 것을 좋아한다.

to를 사용해 올바른 문장을 완성해 보세요.

I like make cookies. → I like _____ cookies.
나는 쿠키 만드는 것을 좋아한다.

We want play golf. → We want _____ golf.
우리는 골프 치는 것을 원한다.

They need work today. → They need _____ today.
그들은 오늘 일 하는 것이 필요하다.
(일할 필요가 있다)

* 이어지는 다음 unit에서는 우리의 어휘력을 기하급수적으로 향상시켜 줄 to가 들어간 어휘력 패턴들을 본격적으로 배워보도록 할게요. →

Unit 20 어휘력 패턴의 시작
want to ~하고 싶다

■ Unit 20~23은 '어휘력 패턴 응용편' 영상의 내용입니다.

영어 공부에도 지름길이 있는데, 바로 '어휘력 패턴'들을 배우는 것이에요. 어휘력 패턴들은 동사 앞에 위치해 문장의 뜻을 바꿔주는 아주 중요한 역할을 하죠. 그렇기 때문에 이 패턴들을 배우시면 디테일하면서도 다양한 영어문장을 자유롭게 구사할 수 있습니다. 그럼 '~하는 것을 원한다'라는 뜻의 어휘력 패턴인 'want to'를 사용해 문장 만드는 법을 함께 알아보도록 할게요.

강의 영상 보기

🖉 키위엔 단어 위치 학습법

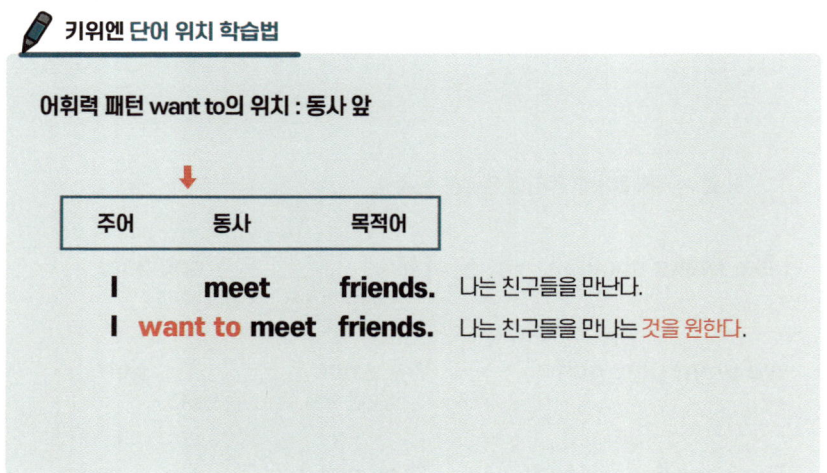

* ~하는 것을 원한다 = ~을 하고 싶다

준쌤의 Tip 하나!

어휘력 패턴과 동사를 합쳐 하나의 동사로 보는 연습을 하면 더 빨리 영어로 원하는 문장을 만들 수 있어요!

(ex) want to meet (동사) 만나고 싶다

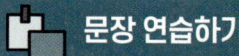 문장 연습하기

📖 want to의 부정문과 의문문

어휘력 패턴이 들어간 문장도 앞서 배운 기본 문장들과 문장을 만드는 방법은 동일합니다. want는 동사이기 때문에 부정문은 do not을 동사 앞에 위치해 주고, 의문문은 do를 주어 앞에 위치시켜주면 되는 거죠.

	I	want to exercise.	나는 운동을 하고 싶어.	(평)
	I do not	want to exercise.	나는 운동을 하고싶지 않아.	(부)
Do	you	want to exercise?	너는 운동을 하고 싶니?	(의)

💬 실전 대화 연습하기

A What do you want to do today?
오늘 뭐하고 싶어?

B I just want to stay home and watch TV.
나 그냥 집에 있으면서 TV 보고 싶어.

---

* 앞으로 이 책에서는 '평서문'이라는 표현을 줄여서 (평)이라고 하고, '부정문'은 (부), '의문문'은 (의), 그리고 '육하원칙 의문문'은 (육+의)라고 표시할 테니 참고해 주세요.

실생활 영어 표현 익히기
▶ 단어의 위치를 생각하며 문장을 만들어 보세요.

1. 우리는 오늘 골프 치고 싶어요.
2. 그는 가족과 시간을 보내고 싶어 해요.
3. 그녀는 쇼핑하러 가고 싶어 해요.
4. 우리는 영어를 유창하게 말하고 싶어요.
5. 저는 좀 쉬고 싶어요.
6. 저는 내일 일하고 싶지 않아요.
7. 저는 그것에 대해 얘기하고 싶지 않아요.
8. 저는 여기에 있고 싶지 않아요.
9. 너 차 마시고 싶니?
10. 그녀는 외식하고 싶어 하나요?
11. 당신은 파스타를 먹고 싶나요?
12. 당신은 무슨 영화를 보고 싶나요?

키위엔 Vocab

- **fluently** 유창하게
- **get rest** 쉬다
- **eat out** 외식하다

 **영어 문장 확인하기**

1. We want to play golf today.
2. He wants to spend time with his family.
3. She wants to go shopping.
4. We want to speak English fluently.
5. I want to get some rest.
6. I don't want to work tomorrow.
7. I don't want to talk about it.
8. I don't want to be here.
9. Do you want to drink some tea?
10. Does she want to eat out?
11. Do you want to eat pasta?
12. What movie do you want to watch?

* ~하는 것을 원한다 = ~을 하고 싶다

Unit 21

wanted to
~하고 싶었다

■ Unit 20~23은 '어휘력 패턴 응용편' 영상의 내용입니다.

어휘력 패턴이 사용된 문장도 동사만 바꿔주면 다양한 시제별 문장들을 만들 수 있습니다. 그래서 동사 원형인 want를 과거형인 wanted로 바꿔주면 'wanted to'가 되면서 '~하는 것을 원했다 (~을 하고 싶었다)'라는 표현이 되는 거죠.

강의 영상 보기

🖊 키위엔 단어 위치 학습법

주어	동사	목적어	
They	want to travel	the world.	(현재)
	그들은 세계여행을 하고 싶다.		
They	wanted to travel	the world.	(과거)
	그들은 세계여행을 하고 싶었다.		

* ~하는 것을 원했다 = ~을 하고 싶었다

문장 연습하기

평서문, 부정문, 의문문으로 대화하기

A **Did** you want to drink iced coffee?　　(의)
　　아이스 커피 마시고 싶었나요?

B Yes, I **wanted** to drink iced coffee.　　(평)
　　네, 저는 아이스 커피를 마시고 싶었어요.

　　No, I **did not** want to drink iced coffee.　　(부)
　　아니요, 저는 아이스 커피를 마시고 싶지 않았어요.

실전 대화 연습하기

A Did you call me? 전화했었어?

B Yes, I **wanted to** talk to you about our trip.
　　응, 우리 여행에 대해서 너랑 얘기 좀 하고싶었어.

A Oh, yeah. So, where do you **want to** go ?
　　아, 맞다. 그래서 어디 가고 싶은데?

B How about Hawaii?　하와이 어때?

A Hawaii sounds good! 하와이 좋은데!

- iced coffee 아이스 커피
- sounds good 좋은 생각이다

실생활 영어 표현 익히기 ▶ 단어의 위치를 생각하며 문장을 만들어 보세요.

1. 그녀는 외국에서 공부하고 싶었어요.

2. 우리는 그녀를 만나고 싶었어요.

3. 그는 캠핑 하러 가고 싶었어요.

4. 제 부모님은 저와 시간을 보내고 싶어 하셨어요.

5. 나는 그것에 대해 생각하고 싶지 않았어요.

6. 그는 매운 음식을 먹고 싶지 않았어요.

7. 제 친구들은 술을 마시고 싶지 않았어요.

8. 저희는 이사하고 싶지 않았어요.

9. 그는 시간을 낭비하고 싶지 않았어요.

10. 저를 찾으셨나요?

11. 그녀는 선생님이 되고 싶었나요?

12. 그녀는 왜 선생님이 되고 싶었나요?

키위엔 Vocab

- **study abroad** 외국에서 공부하다
- **move** 이사하다, 움직이다
- **spend** (시간, 돈) 쓰다
- **waste** (시간, 돈) 낭비하다

영어 문장 확인하기

1. She wanted to study abroad.
2. We wanted to meet her.
3. He wanted to go camping.
4. My parents wanted to spend time with me.
5. I didn't want to think about it.
6. He didn't want to eat spicy food.
7. My friends didn't want to drink.
8. We didn't want to move.
9. He didn't want to waste his time.
10. Did you want to see me?
11. Did she want to become a teacher?
12. Why did she want to become a teacher?

Unit 22 육하원칙 + 의문문 (want to)
더 자세한 질문 만들기

Unit 20~23은 '어휘력 패턴 응용편' 영상의 내용입니다.

want to 패턴이 들어간 문장도 육하원칙을 사용해 더 구체적인 질문을 만들 수 있습니다. do 라인(do, did, will, can)으로 기본 의문문을 먼저 만들어 준 후, 필요하다면 육하원칙을 한 번 더 사용해 보다 자세한 의문문을 만들 수 있는 거죠. 이때 육하원칙은 기본 의문문 앞에 위치하게 됩니다.

강의 영상 보기

🖊 키위엔 단어 위치 학습법

+	+	주어	동사	목적어
	Do	you	want to change	your phone?

너는 휴대폰 바꾸고 싶니?

| When | do | you | want to change | your phone? |

너 언제 휴대폰 바꾸고 싶니?

| Why | do | you | want to change | your phone? |

너 왜 휴대폰 바꾸고 싶니?

* 어휘력 패턴이 들어간 문장들도 평서문, 부정문, 의문문을 만드는 방법은 앞서 배운 기본 문장들과 동일하다는 점을 기억해 주세요.

문장 연습하기

실전 대화 1

A **When** do you want to watch a movie?
언제 영화 보고 싶어?

B I want to watch it tonight.
난 오늘 밤에 보고 싶어.

실전 대화 2

A **Why** did they want to study abroad?
그들은 왜 해외에서 공부하기를 원했나요?

B Because they wanted to have different experiences.
왜냐하면 그들은 다른 경험을 원했기 때문이에요.

실전 대화 3

A **What** pizza do you want to eat? 너 무슨 피자 먹고 싶니?

B I want to eat cheese pizza. 나 치즈피자 먹고 싶어.

준쌤의 Tip 하나!

what은 의문문에 사용될 때 목적어(pizza)를 가져온다는 것을 기억 하세요.

(ex)　　　Do you want to eat pizza?　　너 피자 먹고 싶니?
　　　What pizza do you want to eat?　너 무슨 피자 먹고 싶니?

- **experience** 경험

실생활 영어 표현 익히기
▶ 단어의 위치를 생각하며 문장을 만들어 보세요.

1
A 너는 점심으로 무엇을 먹고 싶니?
B 나는 한식을 먹고 싶어.

2
A 그녀는 이번에 어디를 여행하고 싶어 했나요?
B 그녀는 유럽 여행을 하고 싶어 했어요.

3
A 너는 왜 영어를 배우고 싶니?
B 왜냐하면 나는 미국에서 살고 싶거든.

4
A 누구랑 대화하고 싶으시죠?
B 저는 이곳 사장님과 대화하고 싶습니다.

5
A 어떻게 계산하시고 싶으신가요?
B 저는 신용카드로 결제하고 싶습니다.

6
A 그들은 오늘 무엇을 하고 싶어 했었나요?
B 그들은 서울에 가고 싶어 했어요.

키위엔 Vocab

- **for lunch** 점심으로
- **this time** 이번에, 이번에는
- **pay** 지불하다, 결제하다

영어 문장 확인하기

1 What do you want to eat for lunch?

I want to eat Korean food.

2 Where did she want to travel this time?

She wanted to travel to Europe.

3 Why do you want to learn English?

Because I want to live in America.

4 Who do you want to speak to?

I want to speak to the boss here.

5 How do you want to pay?

I want to pay it with my credit card.

6 What did they want to do today?

They wanted to go to Seoul.

Unit 23

like to / need to
~하는 것을 좋아해요 / ~하는 것이 필요해요

■ Unit 20~23은 '어휘력 패턴 응용편' 영상의 내용입니다.

이번에 배울 어휘력 패턴은 '~하는 것을 좋아한다'라는 뜻의 'like to'와 '~하는 것이 필요하다'라는 뜻의 'need to'입니다. 이 패턴들은 일상에서 필수가 되는 표현들인데요. 문장 만드는 방법은 앞서 배운 want to 패턴과 모든 것이 동일합니다.

강의 영상 보기

🖊 키위엔 단어 위치 학습법

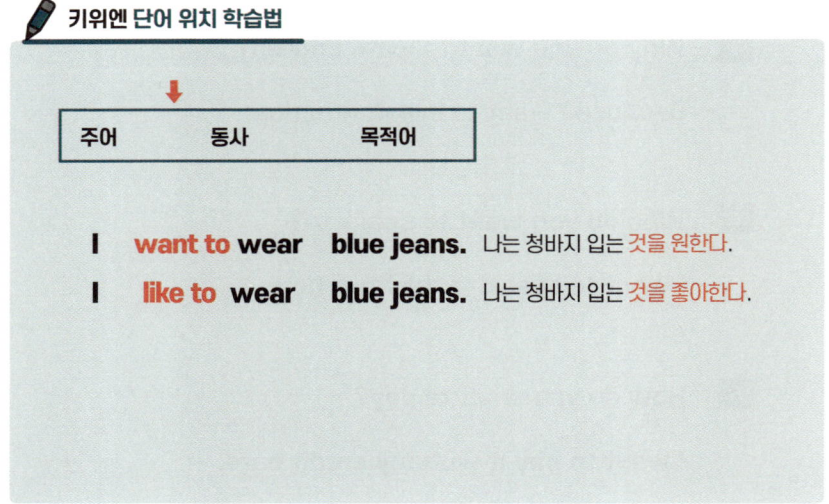

문장 연습하기

어휘력 패턴 need to

+	주어	동사	목적어	
		exercise	운동하다	
		need to exercise	운동할 필요가 있다	
	We	need to exercise	every day.	(평)
		우리는 매일 운동할 필요가 있어요.		
	We	do not need to exercise	every day.	(부)
		우리는 매일 운동할 필요가 없어요.		
Do	we	need to exercise	every day?	(의)
		우리는 매일 운동할 필요가 있나요?		

 준쌤의 Tip 하나!

동사 앞에 위치하는 어휘력 패턴만 바꿔주면 쉽고 빠르게 다양한 영어 표현을 구사할 수 있어요!

(ex)
 I want to meet new people.   나는 새로운 사람들을 만나고 싶어요.
 I like to meet new people.   나는 새로운 사람들을 만나는 걸 좋아해요.
 I need to meet new people.   나는 새로운 사람들을 만날 필요가 있어요.

실생활 영어 표현 익히기
▶ 단어의 위치를 생각하며 문장을 만들어 보세요.

1. 저는 친구들과 어울리는 것을 좋아해요.

2. 그는 음악 듣는 것을 좋아해요.

3. 저는 지금 그와 얘기할 필요가 있어요.

4. 그녀는 다음 주에 서울에 갈 필요가 있어요.

5. 사람들은 그것에 대해서 알아야 할 필요가 있어요.

6. 그는 치과에 갈 필요가 있어요.

7. 그는 야채 먹는 것을 좋아하지 않아요.

8. 저는 줄 서서 기다리는 것을 좋아하지 않아요.

9. 당신은 서두를 필요 없습니다.

10. 그는 늦잠 자는 것을 좋아하나요?

11. 당신은 내일 일찍 일어날 필요가 있나요?

12. 당신은 내일 왜 일찍 일어날 필요가 있나요?

 키위엔 **Vocab**

- **wait in line** 줄 서서 기다리다
- **hurry** 서두르다
- **sleep in** 늦잠 자다

영어 문장 확인하기

1. I like to hang out with my friends.

2. He likes to listen to music.

3. I need to talk to him now.

4. She needs to go to Seoul next week.

5. People need to know about it.

6. He needs to go to the dentist.

7. He does not like to eat vegetables.

8. I don't like to wait in line.

9. You don't need to hurry.

10. Does he like to sleep in?

11. Do you need to get up early tomorrow?

12. Why do you need to get up early tomorrow?

Unit 24 want 누구 to
누가 ~하는 것을 원한다

이번 unit에서는 반드시 알아야 하는 필수 응용 표현을 알려 드릴게요. want와 to 사이에 '누구'를 넣어주면 '나는 누가 ~ 하는 것을 원한다.'라는 표현을 할 수 있습니다. 예를 들면 '나는 친구들을 만나는 것을 원한다.'라는 문장에서 '나는 네가 친구들을 만나는 것을 원한다.'라는 표현을 할 수 있게 되는 거죠.

강의 영상 보기

 키위엔 단어 위치 학습법

I want to meet my friends.
나는 내 친구들을 만나는 것을 원한다.

VS

I want you to meet my friends.
나는 네가 내 친구들을 만나는 것을 원한다.

 준쌤의 Tip 하나!

'want 누구 to'의 누구는 목적격 인칭대명사들이 사용됩니다. 목적격 인칭대명사는 me, you, him, her, us, them 등이 있으며 더 자세한 내용은 QR코드에 연결된 강의 영상을 참고해 주세요.

문장 연습하기

'누구 to 동사'로 문장 만들기

▶ 평서문

She wants to study abroad. 그녀는 해외에서 공부하는 것을 원한다.
She wants us to study abroad. 그녀는 우리가 해외에서 공부하는 것을 원한다.

▶ 부정문

We don't want to sleep late. 우리는 늦게 자고 싶지 않아.
We don't want you to sleep late. 우리는 네가 늦게 자는 것을 원하지 않아.

▶ 의문문

Do you need to go there? 당신은 거기에 갈 필요가 있나요?
Do you need her to go there? 당신은 그녀가 거기 가는 것이 필요한가요?

실전 대화 연습하기

A When do you want me to start working?
   제가 언제부터 일하는 것을 원하시죠?

B Can you start next Monday?
   다음 주 월요일부터 시작할 수 있나요?

A Of course!
   물론이죠.

실생활 영어 표현 익히기
▶ 단어의 위치를 생각하며 문장을 만들어 보세요.

1. 나는 네가 말해주길 원해.

2. 나는 그녀가 그를 만나길 원해.

3. 우리는 네가 이 음식을 먹어보길 원해.

4. 나는 네가 시간 낭비하는 것을 원하지 않아.

5. 저희는 당신이 늦게 일하는 것을 원하지 않아요.

6. 제 아버지는 제가 지금 새 차를 사는 것을 원하지 않아요.

7. 당신의 의사는 당신이 운동하기를 원하나요?

8. 오늘 밤 당신이 우리를 도와주는 것이 필요해요.

9. 나는 네가 조용해 주는 것이 필요해 (조용해 주길 바라).

10. 나는 네가 내 월세를 내주는 것이 필요하지 않아.

11. 그녀는 제가 전화해 주는 것이 필요한가요?

12. 그녀는 제가 언제 전화해 주는 것이 필요한가요?

 키위엔 **Vocab**

- **pay for rent** 집세(임대료) 내다

영어 문장 확인하기

1. I want you to tell me.

2. I want her to meet him.

3. We want you to try this food.

4. I don't want you to waste your time.

5. We don't want you to work late.

6. My dad doesn't want me to get a new car now.
   • does not = doesn't

7. Does your doctor want you to exercise?

8. We need you to help us tonight.

9. I need you to be quiet.

10. I don't need you to pay for my rent.

11. Does she need me to call her?

12. When does she need me to call her?

Unit 25 It takes
(시간이) ~걸리다

영어로 '시간이 ~걸린다'라는 문장은 'It takes + 소요되는 시간'이에요. 예를 들어 '10분 걸려요.'는 'It takes 10 minutes.'가 되는 거죠. It 은 3인칭 단수이기 때문에 동사 take 뒤에 s가 온 것을 볼 수 있고요. 그렇기 때문에 부정문은 'It doesn't take + 시간', 그리고 의문문은 'Does it take + 시간?' 이 됩니다. 그럼 일상회화에서 빠질 수 없는 시간 표현들을 함께 보도록 할까요?

강의 영상 보기

🖊 키위엔 단어 위치 학습법

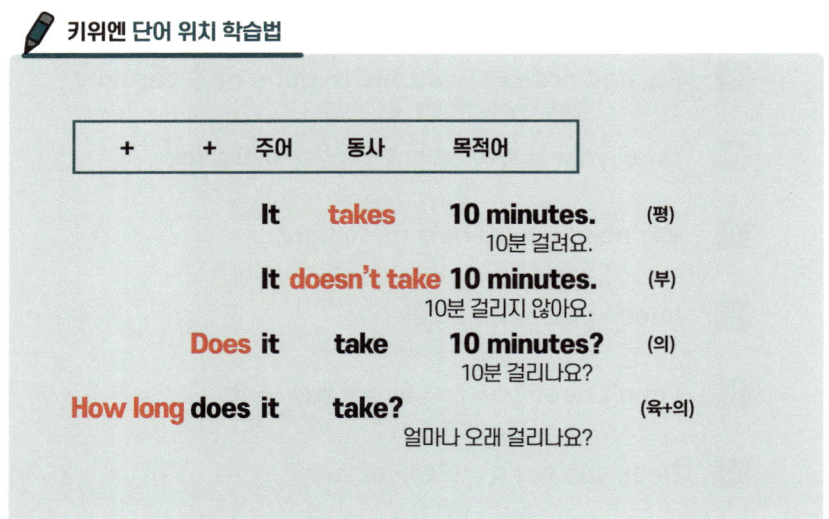

- **how long** 얼마나 오래

문장 연습하기

다양한 응용 문장들을 연습해 보세요.

▶ (교통수단으로) ~ 걸린다.

It takes 2 hours by car. 차로 2시간 걸려요.
It took 15 minutes by subway. 지하철로 15분 걸렸어요.

▶ (~하는데) ~ 걸린다.

It takes 10 minutes to walk home. 집에 걸어가는 데 10분 걸려요.
It took 2 hours to clean the room. 방 청소하는 데 2시간 걸렸어요.

▶ (누가 ~하는데) ~ 걸린다.

It takes me 20 minutes to take a shower.
저는 샤워하는 데 20분 걸려요.

It will take her an hour to get ready.
그녀가 준비하는 데 1시간이 걸릴 거예요.

준쌤의 Tip 하나!

'시간이 ~ 걸린다.'라는 표현도 시제별 응용이 가능하겠죠? 아래 예문들을 참고해 보세요.

(ex) It takes 2 hours. 두 시간 걸려요. (현재)
It took 2 hours. 두 시간 걸렸어요. (과거)
It will take 2 hours. 두 시간 걸릴 거예요. (미래)

실생활 영어 표현 익히기 ▶ 단어의 위치를 생각하며 문장을 만들어 보세요.

1. 2시간 30분 걸립니다.
2. 5시간 걸렸어요.
3. 일주일 걸릴 거예요.
4. 30분 안 걸려요.
5. 3시간이 안 걸렸어요.
6. 그는 그 프로젝트를 끝내는 데 5일이 걸렸다.
7. 비행기로 5시간 걸려요.
8. 오래 걸리나요?
9. 거기 가려면 얼마나 걸리죠?
10. 거기까지 가는 데 40분이 걸려요.
11. LA에서 뉴욕까지 얼마나 걸렸어요?
12. LA에서 뉴욕까지 5시간 걸렸어요.

 키위엔 **Vocab**

- **by plane** 비행기로

 영어 문장 확인하기

1. It takes 2 hours and 30 minutes.

2. It took 5 hours.

3. It will take a week.

4. It doesn't take 30 minutes.

5. It didn't take 3 hours.

6. It took him 5 days to finish the project.

7. It takes 5 hours by plane.

8. Does it take a long time?

9. How long does it take to get there?

10. It takes 40 minutes to get there.

11. How long did it take from L.A. to New York?

12. It took 5 hours from L.A. to New York.

Unit 26
When ~할 때/ ~일 때
긴 문장 만들기

■ Unit 18, 26, 31, 43은 '긴 문장 영어 어순' 영상의 내용입니다.

If 에 이은 두 번째 연결고리는 'when'입니다. when은 의문문을 만들 때 사용되는 육하원칙의 기능뿐만 아니라 연결고리의 기능도 가지고 있어요. when이 연결고리로 사용될 때는 뜻이 '언제'가 아니라 ' ~할 때' 또는' ~일 때'가 됩니다. 그럼 when이라는 연결고리로 어떤 긴 문장들이 가능한지 함께 알아보도록 할게요.

강의 영상 보기

🖊 키위엔 단어 위치 학습법

He likes to work out.
그는 운동하는 것을 좋아해요.

He is stressed out.
그는 스트레스받았다.

| 문장 1 | 연결고리 | 문장 2 |

He likes to work out   when   he is stressed out.
그는 스트레스받았을 때 운동하는 것을 좋아해요.

* 연결고리만 있으면 여러분이 하고 싶은 말에 따라 지금까지 배운 모든 문장들을 사용해 긴 문장을 만들 수 있습니다.

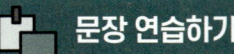
문장 연습하기

📖 연결고리로 두 문장을 이어 긴 문장 만들기

예문 1) 평서문 + 평서문

　　　　　(평서문)　　　　　　(평서문)
I sleep early when I am tired.
나는 피곤할 때 일찍 잔다.

예문 2) 육하원칙 의문문 + 평서문

　　　　(육하원칙 의문문)　　　　　(평서문)
What do you do when you are bored?
너는 심심할 때 무엇을 하니?

예문 3) 평서문 + 부정문

　　　　　(평서문)　　　　　　　(부정문)
I like to read books when I am not busy.
저는 바쁘지 않을 때 책 읽는 걸 좋아해요.

> 🧑 **준쌤의 Tip 하나!**
>
> 위에 예문처럼 연결고리가 들어간 문장은 앞/뒤 두 문장의 위치가 바뀌어도 같은 뜻의 문장이 됩니다! 단, 연결고리(when)도 그 뒤에 오는 문장과 함께 이동해 줘야 하는 것을 잊지 마세요.
>
> (ex) I sleep early <u>when I am tired.</u> = <u>When I am tired,</u> I sleep early.

- **stressed out** 스트레스 받은　　• **bored** 지루한

실생활 영어 표현 익히기 ▶ 단어의 위치를 생각하며 문장을 만들어 보세요.

1. 그가 언제 올지 아시나요?
2. 나갈 때 문 닫아줘.
3. 시간 있을 때 전화해 줄 수 있어?
4. 그들은 젊었을 때 결혼했다.
5. 내가 집에 도착하면 너에게 전화할게.
6. 그 소식을 들었을 때 나는 정말 놀랐어.
7. 우리 내일 만나면 뭐 먹을래?
8. 운전할 때는 조심할 필요가 있어.
9. 네가 여행할 때 내가 너희 강아지를 돌봐줄게.
10. 그는 날 봤을 때 손을 흔들어 줬다.
11. 그가 잘 때는 어떤 것도 그를 깨울 수 없다.
12. 그들은 영화를 볼 때 팝콘을 먹어요.

키위엔 Vocab

- **hear the news** 소식을 듣다
- **look after** ~을 돌보다
- **wave** 손을 흔들다
- **nothing** 아무것도
- **wake (누구) up** ~를 깨우다

영어 문장 확인하기

1. Do you know when he will come?

2. Close the door when you leave.
   • 224쪽 '명령문 편'을 확인하세요.

3. Can you call me when you have time?

4. They got married when they were young.

5. I will call you back when I get home.

6. I was very surprised when I heard the news.

7. What do you want to eat when we meet tomorrow?
   • **want to**를 의문문에 사용하면 '~할래?' 라는 뜻도 됩니다.

8. You need to be careful when you drive a car.

9. I will look after your dog when you travel.

10. He waved when he saw me.

11. When he sleeps, nothing can wake him up.

12. When they watch movies, they eat popcorn.

Unit 27 be going to ~할 것이다
어휘력 패턴도 be동사 패턴이 있다!

■ Unit 27~28은 'be동사 필수 패턴 - be going to' 영상의 내용입니다.

첫 번째 be동사 어휘력 패턴은 바로 'be going to'입니다. be going to는 '~할 것이다'라는 뜻으로 will과 함께 미래 시제를 표현하는 패턴이에요. 이번 어휘력 패턴은 be동사가 포함되어 있기 때문에 앞서 배운 be동사 문장들과 문장을 만드는 방법이 동일합니다. 의문문은 be 라인(am, are, is)으로, 그리고 부정문은 be not 라인(am not, are not, is not)으로 만들어 주시면 되는 거죠.

강의 영상 보기

🖊 키위엔 단어 위치 학습법

주어	동사	목적어	+

visit 방문하다
be going to visit 방문할 거다

I **am going to** visit my parents this weekend.
나는 이번 주말에 내 부모님을 방문할 거다.

문장 연습하기

be going to 패턴으로 미래 표현하기

▶ 평서문

be going to buy 살 거다
She is going to buy a new car this month.
그녀는 이번 달에 새로운 차를 살 거다.

▶ 부정문

be not going to buy 사지 않을 거다
She is not going to buy a new car this month.
그녀는 이번 달에 새로운 차를 사지 않을 거다.

▶ 의문문

She is going to buy a new car this month.
그녀는 이번 달에 새로운 차를 살 거예요.

Is she going to buy a new car this month?
그녀는 이번 달에 새로운 차를 살 건가요?

준쌤의 Tip 하나!

원어민들이 실제로 말할 때는 'be going to'를 'be gonna'로 줄여서 많이 발음합니다!
(ex) She is going to buy a car. → She is gonna buy a car.

실생활 영어 표현 익히기 ▶ 단어의 위치를 생각하며 문장을 만들어 보세요.

1. 나 내일 하루 휴가 낼 거야.

2. 우리는 오늘 밤 나가지 않을 거예요.

3. 그들은 다음 달에 은퇴할 거예요.

4. 내일은 비가 올 거야.

5. 나는 저녁 식사 후 아무것도 먹지 않을 거야.

6. 넌 이것을(이 말을) 믿지 않을 거야.

7. 우리는 늦지 않을 거예요.

8. 그런 일은 생기지 않을 거예요.

9. 너는 직장을 구할 거니?

10. 우리는 어디로 캠핑하러 갈 건가요?

11. 그녀는 우리와 함께 할 건가요?

12. 너는 언제 그녀와 결혼할 거야?

키위엔 Vocab

- **take a day off** 하루 휴가 내다
- **retire** 은퇴하다
- **look for a job** 직장을 구하다
- **happen** (일이)발생하다, 일어나다

영어 문장 확인하기

1. I am going to take a day off tomorrow.
2. We are not going to go out tonight.
3. They are going to retire next month.
4. It is going to rain tomorrow.
5. I am not going to eat anything after dinner.
6. You are not going to believe this.
7. We are not going to be late.
8. It is not going to happen.
9. Are you going to look for a job?
10. Where are we going to go camping?
11. Is she going to join us?
12. When are you going to marry her?

Unit 28. was/were going to
~할 거였다

■ Unit 27~28은 'be동사 필수 패턴 - be going to' 영상의 내용입니다.

be going to는 미래시제의 패턴이지만 과거 표현도 가능해요. 뜻은 '~할 거였다'로 '얘기할 거였어.' 또는 '전화할 거였는데 깜빡했어.'와 같은 표현들을 만들 수 있습니다. 그럼, 'was/were going to'로 다양한 문장들을 함께 만들어 보도록 할까요?

강의 영상 보기

 키위엔 단어 위치 학습법

We are going to watch a movie tonight. (현재)
우리는 오늘 밤에 영화를 볼 것이다.

We were going to watch a movie tonight. (과거)
우리는 오늘 밤에 영화를 볼 거였다.

132 키위엔

문장 연습하기

be going to 과거시제 문장 만들기

▶ 평서문

We **are going to** eat late night food.   우리는 야식을 먹을 거예요.
We **were going to** eat late night food.   우리는 야식을 먹을 거였어요.

▶ 부정문

He **is not going to** come to the party.   그는 파티에 오지 않을 거예요.
He **was not going to** come to the party.   그는 파티에 오지 않을 거였어요.

▶ 의문문

Are you **going to** tell me about it?   너 나한테 그것에 대해 말할 거니?
Were you **going to** tell me about it?   너 나한테 그것에 대해 말할 거였니?

실전 대화 연습하기

A   James, are you busy next Friday?   제임스, 다음 주 금요일에 바쁘니?
B   No, I'm not. Why?   아니, 바쁘지 않아. 왜?
A   I **was gonna** invite you for dinner.   널 저녁 식사에 초대하려고 했거든.
     Do you want to come?   올래?
B   I'd love to.   너무 좋지.

• **late night food** 야식   • **tell** 말해주다, 알려주다   • **invite** 초대하다

실생활 영어 표현 익히기 ▶ 단어의 위치를 생각하며 문장을 만들어 보세요.

1. 나는 그에게 전화할 거였다.
2. 그녀는 카페에서 브런치를 먹을 거였다.
3. 우리는 저녁으로 피자를 만들 거였다.
4. 그들은 또다시 집을 페인트칠할 거였다.
5. 오늘은 눈이 오지 않을 거였어요.
6. 그는 너를 기다려주지 않을 거였어.
7. 저는 새 휴대폰을 사지 않을 거였어요.
8. 우리는 그를 용서하지 않을 거였어요.
9. 그들은 우리를 파티에 초대할 거였나요?
10. 너는 그것을 나에게 말할 거였니?
11. 그녀는 누구와 식당을 개업할 거였나요?
12. 너는 이번에 어디로 여행을 갈 거였니?

키위엔 Vocab

- **snow** 눈, 눈 내리다
- **forgive** 용서하다

 **영어 문장 확인하기**

1. I was going to call him.
2. She was going to eat brunch at a cafe.
3. We were going to make pizza for dinner.
4. They were going to paint the house again.
5. It wasn't going to snow today.   • was not = wasn't
6. He was not going to wait for you.
7. I wasn't going to buy a new phone.
8. We were not going to forgive him.
9. Were they going to invite us to their party?
10. Were you going to tell me about it?
11. Who was she going to open a restaurant with?
12. Where were you going to travel this time?

Unit 29

be able to
~하는 것이 가능하다

■ Unit 29~30은 'be동사 필수 패턴 - be able to' 영상의 내용입니다.

'be able to'는 '~하는 게 가능하다' 또는 '~할 수 있다'라는 뜻의 어휘력 패턴이며 문장 안에서의 위치는 동사 앞입니다. 문장을 만드는 방법은 앞서 배운 be going to 문장들과 동일하니, 이 점을 기억하면서 다양한 문장들을 만들어 보도록 할게요.

강의 영상 보기

키위엔 단어 위치 학습법

주어	동사	목적어	+

go   가다

be able to go   가는 것이 가능하다

We **are able to go** to the concert this year.
우리는 올해 그 콘서트에 가는 것이 가능하다.

 준쌤의 Tip 하나!

be동사 패턴들은 뜻만 다르지, 문장을 만드는 방법은 동일해요. be able to와 be going to처럼요. 그리고 이 말은 곧 be동사 패턴을 하나만 제대로 배우면 나머지 패턴들까지 쉽게 여러분의 것이 되는 효과를 누릴 수 있다는 것입니다.

문장 연습하기

be able to 패턴으로 문장 만들기

▶ 평서문

be able to manage
관리하는 것이 가능하다

He is able to manage the restaurant by himself.
그는 혼자서 식당을 관리하는 것이 가능해요.

▶ 부정문

be not able to guarantee
보장(약속)하는 것이 가능하지 않다

We are not able to guarantee the delivery date.
저희는 배달 날짜를 보장해드릴 수 없어요.

▶ 의문문

She is able to talk in English.
그녀는 영어로 대화하는 것이 가능해요.

Is she able to talk in English?
그녀는 영어로 대화하는 것이 가능한가요?

실전 대화 연습하기

A **Are we able to get there on time?** 우리 거기 제시간에 도착할 수 있어?
B **No, I think we are going to be late.** 아니, 내 생각에 우리 늦을 것 같아.

- **manage** 관리하다 • **guarantee** 보장(약속)하다 • **delivery date** 배달 날짜
- **on time** 정시에, 제시간에

실생활 영어 표현 익히기
▶ 단어의 위치를 생각하며 문장을 만들어 보세요.

1. 저는 이제 차를 운전하는 게 가능해요.

2. 우리는 지금 당신을 태우러 갈 수 있어요.

3. 저는 한국어와 영어를 할 수 있어요.

4. 그들은 내일 일하는 게 가능해요.

5. 우리 금요일에 만날 수 있나요?

6. 당신은 이 문제를 풀 수 있나요?

7. 그는 저희를 도와줄 수 있나요?

8. 그는 언제 저희를 도와줄 수 있나요?

9. 그녀는 오늘 저희와 함께 할 수 없어요.

10. 그는 수영하는 게 가능하지 않아요.

11. 저는 더 이상 신용카드를 사용할 수 없어요.

12. 우리는 그 질문에 대답할 수 없습니다.

키위엔 Vocab

- **pick (누구) up** ~를 태우러 가다
- **be with (누구)** 누구와 함께하다
- **solve** 풀다, 해결하다
- **swim** 수영하다

영어 문장 확인하기

1. I am able to drive a car now.
2. We are able to pick you up now.
3. I am able to speak Korean and English.
4. They are able to work tomorrow.
5. Are we able to meet on Friday?
6. Are you able to solve this problem?
7. Is he able to help us?
8. When is he able to help us?
9. She is not able to be with us today.
10. He is not able to swim.
11. I am not able to use my credit card anymore.
12. We are not able to answer the question.

Unit 30
be able to
시제별 응용 표현하기

■ Unit 29~30은 'be동사 필수 패턴 - be able to' 영상의 내용입니다.

be able to 또한 과거와 미래 시제의 문장이 가능합니다. 영어 회화 능력은 다양한 시제의 문장들을 만들 수 있느냐 없느냐에 따라서 그 차이가 생기는 것이기 때문에 지금부터는 be able to의 과거형인 'was/ were able to'와 미래형인 'will be able to'를 함께 알아보도록 할게요.

강의 영상 보기

키위엔 단어 위치 학습법

| + | 주어 | 동사 | 목적어 | + |

She is able to join the party tonight.
그녀는 오늘 밤 파티에 함께 하는 것이 가능해요.

↓

She was able to join the party last night. (평)
그녀는 지난밤 파티에 함께 하는 것이 가능했어요.

She was not able to join the party last night. (부)
그녀는 지난밤 파티에 함께 하는 것이 가능하지 않았어요.

Was she able to join the party last night? (의)
그녀는 지난밤 파티에 함께 하는 것이 가능했나요?

문장 연습하기

be able to로 미래시제 문장 만들기

+ 　　주어　　　　동사　　　　　목적어　　　+

　　　　　　will be able to check　확인하는 것이 가능할 것이다
　　　　　　　　　　　↓
I　　will be able to check　my e-mails　later.　(평)
저는 나중에 이메일을 확인하는 것이 가능할 겁니다.

I　　will not be able to check my e-mails later.　(부)
저는 나중에 이메일을 확인하는 것이 가능하지 않을 겁니다.

Will　you　　be able to check your e-mails later?　(의)
　　　당신은 나중에 이메일을 확인하는 것이 가능할까요?

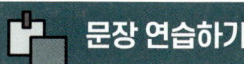 준쌤의 Tip 하나!

미래시제의 경우 be able to 앞에 will을 위치해 주면서 문장을 만들 수 있지만 can 앞에는 will을 위치할 수 없어요. 그래서 '~하는 것이 가능할 것이다'라는 미래 표현은 be able to만 가능한 거죠. 이것이 be able to의 장점이니 기억해서 활용해 보세요.

(ex) '~하는 것이 가능할 것이다' = will + be able to (O)
　　　　　　　　　　　　　　　　　will + can (X)

실생활 영어 표현 익히기
▶ 단어의 위치를 생각하며 문장을 만들어 보세요.

1. 저는 그것을 해낼 수 있었어요.
2. 그녀는 새로운 직업을 구할 수 있었어요.
3. 우리는 그들을 설득할 수 있었어요.
4. 그는 어젯밤에 잠을 잘 잘 수 없었다.
5. 나는 그곳에 차를 주차할 수 없었다.
6. 그녀는 일을 일찍 끝내는 것이 가능했나요?
7. 너는 제시간에 도착할 수 있었니?
8. 나는 이번 달에 돈을 더 벌 수 있었어요.
9. 우리는 그들과 연락하고 지낼 수 있었어요.
10. 그는 5분 안에 준비할 수 있을 거예요.
11. 퇴근 후 저를 태워다 주실 수 있나요?
12. 제가 언제 환불받을 수 있을까요?

키위엔 Vocab

- **pull it off** 그것을 해내다
- **convince** 설득하다
- **keep in touch** 연락하고 지내다
- **get ready** 준비하다
- **get a refund** 환불받다

 영어 문장 확인하기

1. I was able to pull it off.
2. She was able to get a new job.
3. We were able to convince them.
4. He was not able to sleep well last night.
5. I was not able to park my car there.
6. Was she able to finish her work early?
7. Were you able to arrive on time?
8. I was able to make more money this month.
9. We were able to keep in touch with them.
10. He will be able to get ready in 5 minutes.
11. Will you be able to give me a ride after work?
12. When will I be able to get a refund?

Unit 31 before & after ~하기 전에/~한 후에
긴 문장 만들기

■ Unit 18, 26, 31, 43은 '긴 문장 영어 어순' 영상의 내용입니다.

이번 unit에서 배워볼 세 번째 연결고리는 바로 'before'와 'after'입니다. before는 '~하기 전에'라는 뜻이고, after는 '~한 후에'라는 뜻인데요, 일상에서 정말 많이 사용되는 두 연결고리의 다양한 문장들을 함께 알아보도록 할게요.

강의 영상 보기

🖊 키위엔 단어 위치 학습법

긴 문장 어순:

| 문장 1 | 연결고리 | 문장 2 |

I will call you.   **I get off work.**
내가 너에게 전화할게.   나는 퇴근한다.

I will call you after I get off work.
내가 퇴근한 후에 너에게 전화할게.

준쌤의 Tip 하나!

before와 after라는 연결고리 뒤에는 문장 대신 명사가 올 수도 있어요.

(ex) "나는 학교 가기 전에 아침을 먹는다."
　　I eat breakfast before I go to school.　(문장)
　　I eat breakfast before school.　(명사)

- **get off work** 퇴근한다

144 키위엔

문장 연습하기

연결고리로 두 문장을 이어 긴 문장 만들기

예문 1) 평서문 + 평서문

We need to wash our hands before we eat.
우리는 먹기 전에 손을 씻을 필요가 있어요.

예문 2) 육하원칙 의문문 + 평서문

What did you do after I left?
제가 떠난 후에 당신은 무엇을 했나요?

예문 3) 부정문 + 평서문

I am not going to eat dinner after I get off work.
저는 퇴근 후 저녁을 먹지 않을 거예요.

실전 대화 연습하기

A **Call me before you leave.**   출발하기 전에 전화해줘.
B **Will do.**   알았어.

- **leave** 떠나다   • **left** 떠났다(**leave**의 과거)

실생활 영어 표현 익히기

▶ 단어의 위치를 생각하며 문장을 만들어 보세요.

1. 저는 운동 후에 샤워해요.

2. 그녀는 대학 졸업 후 취직했어요.

3. 퇴근 후 같이 저녁 드실래요?

4. 그는 식사를 다 하고 설거지를 할 거예요.

5. 나는 친구들이 떠나면 청소기를 돌릴 거야.

6. 영화 끝나고 뭐하고 싶어?

7. 그는 당신이 전화하기 전에 사무실을 떠났어요.

8. 저는 그녀가 집에 오기 전에 잠들었어요.

9. 우리 여행 전에 무엇을 사야 할까?

10. 네가 여기 오기 전에 여분의 재킷을 가져다줄 수 있니?

11. 저는 잠자러 가기 전에 TV 끄는 것을 깜빡했어요.

12. 저는 면접 전에 긴장이 돼요.

키위엔 Vocab

- **leave** 떠나다, (물건 등을) 놓다
- **fall asleep** 잠들다
- **turn off** 끄다
- **get nervous** 긴장이 되다

영어 문장 확인하기

1. I take a shower after I work out.
2. She got a job after she graduated from college.
3. Do you want to have dinner together after work?
4. He will do the dishes after he finishes his meal.
5. I am going to vacuum my house after my friends leave.
6. What do you want to do after the movie?
7. He left the office before you called.
8. I fell asleep before she came home.
9. What do we need to buy before the trip?
10. Can you bring me an extra jacket before you come here?
11. I forgot to turn off the TV before I went to bed.
12. I get nervous before an interview.

Unit 32 · have to
~을 해야 한다

■ Unit 32~33은 'have to 총정리' 영상의 내용입니다.

우리가 일상에서 반드시 사용할 수밖에 없는 표현 중 하나가 바로 '~해야 한다'라는 표현입니다. 영어로 이 표현을 하기 위해서는 'have to'라는 어휘력 패턴을 사용해요. have to 패턴은 be동사가 없는 패턴이기 때문에 부정문은 do not 라인으로, 의문문은 do 라인으로 만들어 주면 됩니다.

강의 영상 보기

🖊 키위엔 단어 위치 학습법

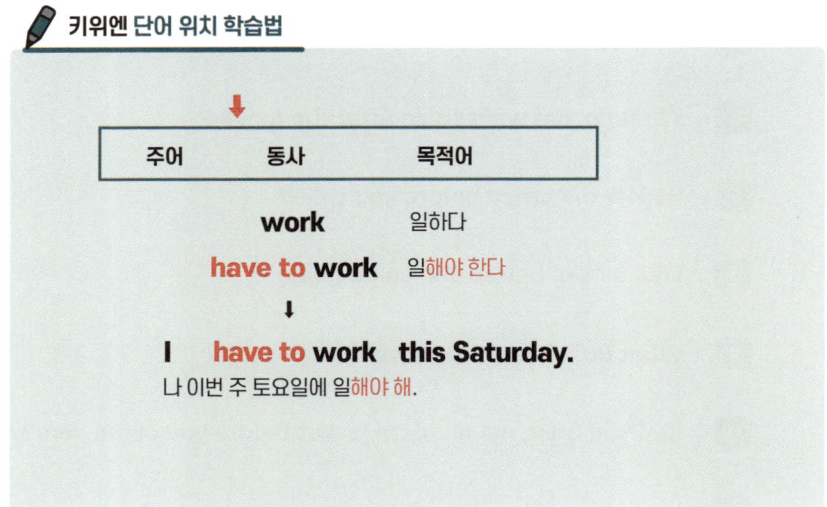

준쌤의 Tip 하나!

have to의 뜻이 '~해야 한다'이기 때문에 don't have to를 '~을 하면 안 된다'로 해석하시는 분들이 많은데요. 하지만 don't have to의 올바른 뜻은 '~을 하지 않아도 된다'이니까 이점 헷갈리지 마시고 꼭 기억해 주세요!

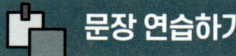 문장 연습하기

 Have to 패턴으로 문장 만들기

▶ 평서문

have to drink
마셔야 한다

I **have to drink** coffee in the morning.
저는 아침에 커피를 마셔야 해요.

▶ 부정문

don't have to drink
마시지 않아도 된다

I **don't have to drink** coffee in the morning.
저는 아침에 커피를 마시지 않아도 돼요.

▶ 의문문

You **have to drink** coffee in the morning.
당신은 아침에 커피를 마셔야 해요.

Do you **have to drink** coffee in the morning?
당신은 아침에 커피를 마셔야 하나요?

실전 대화 연습하기

A What do you **have to** do today? 너 오늘 뭐 해야 해?
B I **have to** take my mom to the hospital. 나 오늘 엄마 모시고 병원 가야 해.

• **take (누구) to 장소** 누구를 ~로 데려가다

실생활 영어 표현 익히기 ▶ 단어의 위치를 생각하며 문장을 만들어 보세요.

1. 나는 내일 일찍 일어나야 해요.
2. 너는 너 자신을 믿어야 해.
3. 그들은 잠시 사무실에 들러야 해요.
4. 그녀는 식물들에 물을 줘야 해요.
5. 우리는 다이어트를 해야 해요.
6. 저를 기다리지 않으셔도 됩니다.
7. 그는 오늘 일하러 가지 않아도 됩니다.
8. 당신은 그 질문에 대답하지 않아도 됩니다.
9. 사람들은 더 이상 지갑을 가지고 다니지 않아도 돼요.
10. 저희는 직장에서 유니폼을 입어야 하나요?
11. 너는 왜 이것을 사야 하니?
12. 제가 왜 그것을 해야 하죠?

키위엔 Vocab

- **stop by** 가는 길에 들르다, 잠시 들르다
- **go on a diet** 다이어트 하다
- **water** 물, 물 주다
- **carry** 나르다, 휴대하다

 **영어 문장 확인하기**

1. I have to get up early tomorrow.

2. You have to believe in yourself.

3. They have to stop by the office.

4. She has to water her plants.
   - She는 3인칭 단수이기 때문에 have to 가 has to로 바뀝니다.

5. We have to go on a diet.

6. You don't have to wait for me.

7. He does not have to go to work today.

8. You don't have to answer that question.

9. People don't have to carry their wallets anymore.

10. Do we have to wear uniforms at work?

11. Why do you have to buy this?

12. Why do I have to do that?

Unit 33

had to
~을 해야 했다

■ Unit 32~33은 'have to 총정리' 영상의 내용입니다.

have to의 과거형은 'had to'입니다. 뜻은 '~을 해야 했다'며, 부정문의 뜻은 '~하지 않아도 됐다'가 됩니다. 그럼 어떤 실용적인 문장들이 가능해지는지 함께 보도록 할까요?

강의 영상 보기

🖊 키위엔 단어 위치 학습법

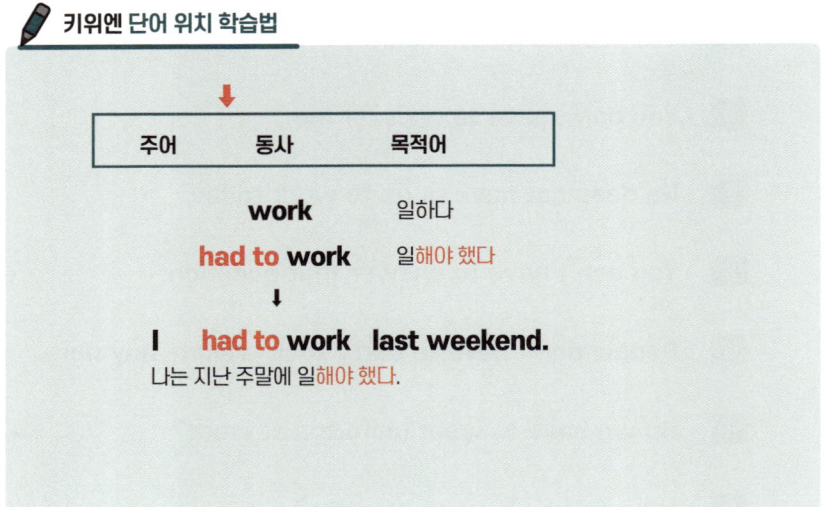

👨 준쌤의 Tip 하나!

동사 어휘력 패턴들(want to, like to, need to, have to)은 뜻만 다를 뿐 문장을 만드는 방법은 동일해요. 그래서 동사 패턴을 하나만 제대로 배우면 나머지 패턴들까지 쉽게 여러분의 것이 되는 효과를 누릴 수 있는 거죠.

문장 연습하기

have to 과거시제 문장 만들기

▶ 평서문

We had to make a reservation first.
우리는 예약을 먼저 해야 했어요.

▶ 부정문

I **didn't have to take** the exam.
저는 시험을 보지 않아도 됐어요.

▶ 의문문

Did we **have to** watch this movie?
우리 이 영화를 봐야 했나요?

▶ 육하원칙 의문문

When did you **have to take** your medicine?
당신은 언제 약을 드셔야 했나요?

실전 대화 연습하기

A **What did you do today?** 너 오늘 뭐 했어?

B I **had to** do some house chores, so I stayed home all day.
What about you? 집안일을 해야 해서 하루 종일 집에 있었어. 너는?

A **I worked all day.** 나는 하루 종일 일했어.

• **make a reservation** 예약하다 • **take the exam** 시험 보다 • **take medicine** 약을 복용하다 • **all day** 하루 종일

실생활 영어 표현 익히기 ▶ 단어의 위치를 생각하며 문장을 만들어 보세요.

1. 저는 그와 얘기해야 했어요.
2. 우리는 그 질문을 해야 했어요.
3. 그는 멈춰야만 했어요.
4. 저는 그곳에 있어야만 했어요.
5. 우리는 곧 돌아와야 했어요.
6. 그녀는 최대한 빨리 그곳에 도착해야 했어요.
7. 너는 그걸 해야만 했니?
8. 그녀는 그곳에 가야만 했나요?
9. 그는 누구와 출장을 가야만 했나요?
10. 그는 오늘 버스를 타지 않아도 됐어요.
11. 저는 그것을 그녀에게 설명하지 않아도 됐어요.
12. 그녀는 그 말을 해야 했나요?

키위엔 Vocab

- **get back** 돌아오다
- **go on a business trip** 출장 가다
- **as soon as possible** 최대한 빨리
- **explain** 설명하다

 영어 문장 확인하기

1. I had to talk to him.

2. We had to ask that question.

3. He had to stop.

4. I had to be there.

5. We had to get back soon.

6. She had to get there as soon as possible.

7. Did you have to do that?

8. Did she have to go there?

9. Who did he have to go on a business trip with?

10. He did not have to take the bus today.

11. I didn't have to explain it to her.

12. Did she have to say that?

Unit 34  should
~해야 한다

■ Unit 34~36은 'should & might' 영상의 내용입니다.

'should'의 기본적인 뜻은 '~을 해야 한다'이지만, 그 안에 내포된 의미는 have to의 '~을 해야 한다'와는 다릅니다. have to는 의무나 강조의 느낌이 있지만 should는 나 또는 상대방에게 도움이 되거나 좋은 것이기 때문에 '~을 해야 한다'라는 조언이나 권장의 의미를 가집니다. 그렇기 때문에 상황에 따라서는 should가 '~을 하는 게 좋겠다'라고도 해석될 수 있는 거죠.

강의 영상 보기

🖍 키위엔 단어 위치 학습법

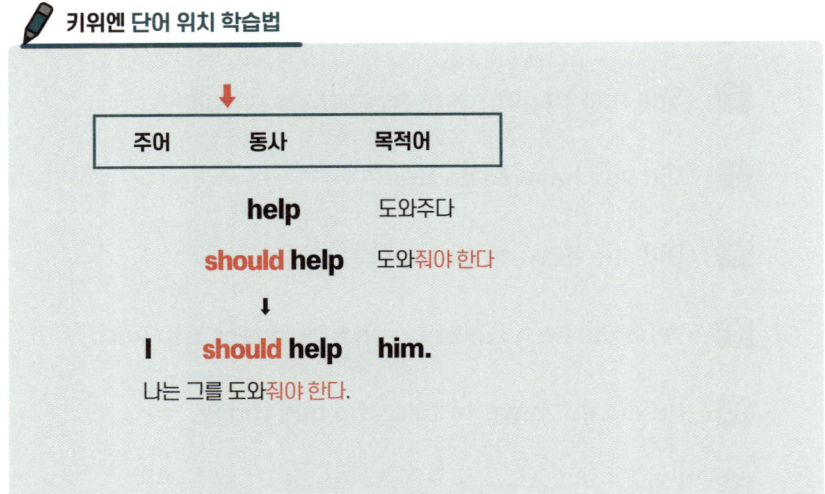

주어	동사	목적어

help   도와주다
should help   도와줘야 한다

I   should help   him.
나는 그를 도와줘야 한다.

👨‍🏫 준쌤의 Tip 하나!

should not과 do not have to는 뜻이 다르다는 점을 유의하세요!

(ex)   should not   vs   do not have to
       ~를 하면 안 된다   ~을 하지 않아도 된다

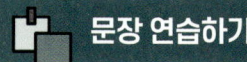

 should로 평서문과 부정문 만들기

▶ 평서문

should exercise
운동 해야 한다

He **should** exercise three times a week.
그는 일주일에 세 번 운동 해야 한다.

▶ 부정문

should not rub
비비면 안 된다

You **should not rub** your eyes.
당신은 눈을 비비면 안 돼요.

 실전 대화 연습하기

A Do you have any plans tomorrow?
너 내일 계획이 있니?

B I don't have any plans tomorrow, but I **should** spend time with my kids.
특별한 계획은 없지만 내일 아이들과 시간을 보내야 할 거 같아.

• **rub** 문지르다, 비비다   • **plan** 계획, 계획하다

실생활 영어 표현 익히기 ▶ 단어의 위치를 생각하며 문장을 만들어 보세요.

1. 나는 오늘 집에 있는 게 좋겠어.
2. 너 자야 할 것 같아.
3. 그는 집에 가서 쉬어야 해요.
4. 너는 그녀의 말을 들어야 해.
5. 그들은 야채를 더 먹어야 해요.
6. 우리는 12시까지 거기에 가야 해요.
7. 우리는 만약을 위해서 식당에 먼저 전화해 보는 게 좋겠어요.
8. 그녀는 돈을 너무 많이 쓰면 안 된다.
9. 우리는 밤늦게 음식을 먹으면 안 돼.
10. 이곳에 계시면 안 됩니다.
11. 무거운 것을 들면 안 돼요.
12. 그들은 그것을 미루면 안 된다.

 키위엔 **Vocab**

- **just in case** 만약을 위해서
- **late at night** 밤 늦게
- **put off** 연기하다, 미루다

 **영어 문장 확인하기**

1. I should stay home today.
2. You should sleep.
3. He should go home and rest.
4. You should listen to her.
5. They should eat more vegetables.
6. We should be there by 12 p.m.
7. We should call the restaurant first just in case.
8. She should not spend too much money.
9. We shouldn't eat late at night.   • should not = shouldn't
10. You shouldn't be here.
11. You should not lift heavy weights.
12. They shouldn't put it off.

Unit 35 should 의문문
조언 또는 의견 구하기

Unit 34~36은 'should & might' 영상의 내용입니다.

should 또는 should not은 조언이나 권장할 때 주로 사용하는 표현입니다. 그렇기 때문에 should로 질문을 하면 '~을 해야 할까요?' 또는 '~을 하는 게 좋을까요?'와 같이 의견을 묻는 표현이 되는 거죠. 그럼 should가 사용된 실생활 영어 표현들을 보도록 할까요?

강의 영상 보기

🖉 키위엔 단어 위치 학습법

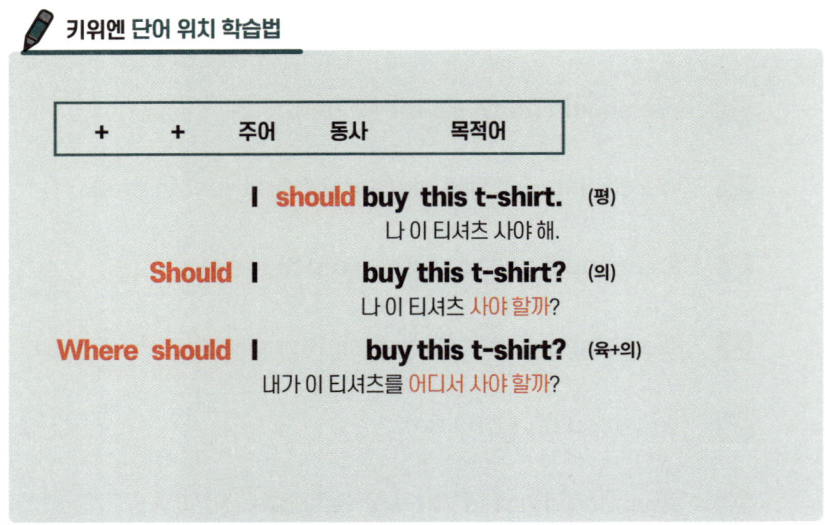

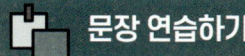 문장 연습하기

 Should 로 의문문과 육하원칙 의문문 만들기

I should take vitamins.
저는 비타민을 먹어야 해요.

Should I take vitamins?
제가 비타민을 먹어야 할까요?

What vitamins should I take?
제가 무슨 비타민을 먹어야 할까요?

 실전 대화 연습하기

A **Should we drive there?** 우리 거기 운전해서 가야 할까?

B **No, we shouldn't drive today. It is snowing heavily outside.**
아니 우리 오늘은 운전하면 안 돼. 밖에 눈이 많이 와.

준쌤의 Tip 하나!

should로 질문할 때는 상대방에게 조언을 구하는 것이기 때문에 자연스럽게 주어로 'I'와 'we'가 많이 오게 돼요. 'I' 또는 'we'를 주어로 사용해서 문장 만드는 연습을 하시면 should에 대한 감을 익히고 그 뉘앙스를 이해하는 데 많은 도움이 됩니다.

- **take vitamins** 비타민을 복용하다
- **snow heavily** 눈이 많이 내리다

실생활 영어 표현 익히기 ▶ 단어의 위치를 생각하며 문장을 만들어 보세요.

1. 제가 거기에 가는 게 좋을까요?
2. 우리가 그에게 한 번 더 기회를 줘야 할까요?
3. 그가 직업을 바꿔야 할까요?
4. 우리가 새로운 냉장고를 사야 할까?
5. 제가 예약을 먼저 해야 할까요?
6. 제가 언제 다시 전화를 드려야 할까요?
7. 우리 점심 먹으러 어디로 가는 게 좋을까?
8. 나 뭐 먹을까?
9. 우리 오늘 밤에 뭐 할까?
10. 제가 누구한테 물어봐야 하나요?
11. 저희 언제 만나는 게 좋을까요?
12. 제가 왜 그것을 해야 하죠?

키위엔 Vocab

- **career** 직업
- **refrigerator** 냉장고
- **make an appointment** 예약하다
- **call (누구) back** ~에게 다시 전화하다

 영어 문장 확인하기

1. Should I go there?
2. Should we give him one more chance?
3. Should he change his career?
4. Should we buy a new refrigerator?
5. Should I make an appointment first?
6. When should I call you back?
7. Where should we go for lunch?
8. What should I eat?
9. What should we do tonight?
10. Who should I ask?
11. When should we meet?
12. Why should I do that?

Unit 36 might
~할지도 모른다

Unit 34~36은 'should & might' 영상의 내용입니다.

어떠한 상황이나 일이 생길지도 모를 가능성이 있을 때는 'might'를 사용합니다. might는 '~할지도 모른다' 또는 '~일지도 모른다'라는 뜻을 가지고 있으며, 부정문의 경우 'might not'을 사용해 '~하지 않을지도 모른다'라는 뜻을 표현할 수 있습니다.

강의 영상 보기

키위엔 단어 위치 학습법

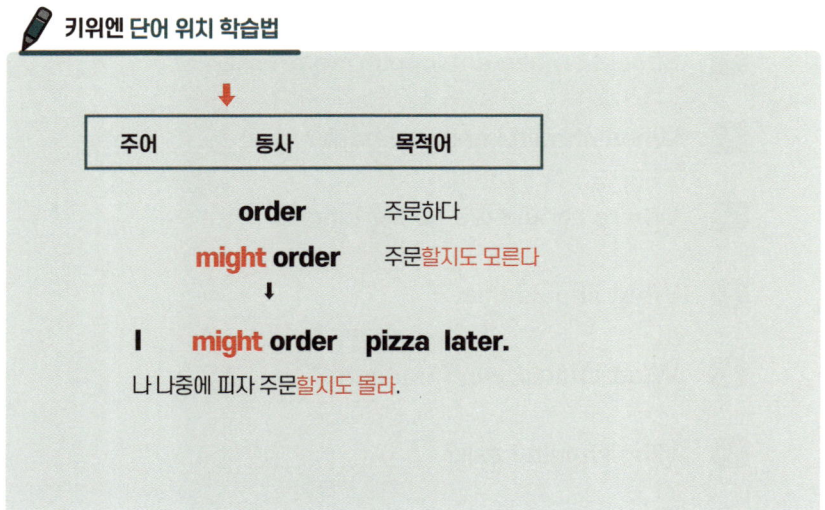

준쌤의 Tip 하나!

might로 질문을 만들면 문장의 뜻이 어색해지기 때문에 **의문문 형태로는 거의 사용되지 않는 점**을 참고해 주세요.

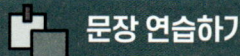 문장 연습하기

 might로 평서문과 부정문 만들기

▶ 평서문

might need
필요할지도 모른다

I **might need** your help later.
나는 나중에 너의 도움이 필요할지도 몰라.

▶ 부정문

might not accept
받아들이지 않을지도 모른다

He **might not accept** the job offer.
그는 그 일자리 제안을 받아들이지 않을지도 모른다.

실전 대화 연습하기

A Did you fix your computer?
너 컴퓨터 고쳤어?

B No, I **might** just buy a new computer.
아니, 나 그냥 새로운 컴퓨터를 살지도 모르겠어.

• **order** 주문하다   • **accept** 받아들이다   • **job offer** 일자리 제안

실생활 영어 표현 익히기
▶ 단어의 위치를 생각하며 문장을 만들어 보세요.

1. 저는 시간이 더 필요할지도 몰라요.
2. 그녀는 너의 도움이 필요할지도 몰라.
3. 저는 그곳에 가지 않을지도 몰라요.
4. 그녀는 그것을 좋아할지도 몰라요.
5. 우리는 뭔가 먹을 것을 살지도 몰라요.
6. 내가 몇 분 늦을지도 몰라.
7. 그들은 오늘 밤 집에 일찍 올지도 몰라요.
8. 그는 더 이상 그곳에서 일하지 않을지도 몰라요.
9. 그녀는 지금 전화를 받지 않을지도 몰라요.
10. 그들은 오래 걸릴지도 몰라요.
11. 그가 그것에 관심이 있을지도 몰라요.
12. 그것은 사실일지도 몰라요.

키위엔 Vocab

- **a few minutes** 몇 분

영어 문장 확인하기

1. I might need more time.
2. She might need your help.
3. I might not go there.
4. She might like it.
5. We might get something to eat.
6. I might be a few minutes late.
7. They might come home early tonight.
8. He might not work there anymore.
9. She might not answer the phone now.
10. They might take a long time.
11. He might be interested in it.
12. It might be true.

Unit 37 Although (비록) ~하더라도
긴 문장 만들기

이번에 배울 연결고리는 '비록 ~이지만' 또는 '비록 ~하더라도'라는 뜻의 'although'입니다. 뜻에서도 알 수 있듯이 although는 서로 대조되는 두 문장을 연결해주면서 하나의 긴 문장을 만들 수 있게 해 주죠. 또한 although와 even though는 같은 뜻을 가진 연결고리이기 때문에 둘 중 어느 것을 사용해도 같은 뜻의 문장이 됩니다.

강의 영상 보기

 키위엔 단어 위치 학습법

긴 문장 어순:

문장 1	연결고리	문장 2

I like kimchi.
나는 김치를 좋아한다.

I don't like spicy food.
나는 매운 음식을 좋아하지 않는다.

I like kimchi   although   I don't like spicy food.
나는 비록 매운 음식을 좋아하지 않지만 김치는 좋아한다.

 준쌤의 Tip 하나!

위에 예문처럼 연결고리가 들어간 문장은 앞/뒤 두 문장의 위치가 바뀌어도 같은 뜻의 문장이 됩니다! 단, 연결고리(although)도 그 뒤에 오는 문장과 함께 이동해 줘야 하는 것을 잊지 마세요.

  I like kimchi although I don't like spicy food.
= Although I don't like spicy food, I like kimchi.

문장 연습하기

연결고리로 두 문장을 이어 긴 문장 만들기

예문 1) 평서문 + 평서문

He had to go to work although he was sick.
비록 그는 아팠지만 일을 가야만 했다.

예문 2) 부정문 + 평서문

I was not able to pass the test although I studied a lot.
비록 내가 공부를 많이 했지만 나는 그 시험에 통과할 수 없었다.

예문 3) 평서문 + 부정문

You should exercise more often although it is not easy.
비록 쉽지 않더라도 당신은 더 자주 운동해야 해요.

실전 대화 연습하기

A Did you go to the concert? How was it?
콘서트 갔었나요? 어땠어요?

B It was fun. Although it rained, everyone had a good time.
재미있었어요. 비록 비가 오긴 했지만, 모두가 좋은 시간을 보냈거요.

- **pass** 통과하다, 합격하다
- **more often** 더 자주

실생활 영어 표현 익히기
▶ 단어의 위치를 생각하며 문장을 만들어 보세요.

1 비록 비쌌지만 그 음식은 맛있었다.

2 그는 키가 작지만 높게 점프할 수 있다.

3 비록 비가 내렸지만 콘서트에는 많은 사람들이 있었다.

4 비록 그는 여러 번 실패했지만 포기하지 않았다.

5 그녀는 공부를 열심히 하지 않았지만 시험을 통과했다.

6 저는 차가 있지만 제 자전거로 출근하는 걸 좋아해요.

7 나는 자주 그와 의견이 다르지만 그를 존중한다.

8 비록 바빴지만 우리는 행복했다.

9 그들은 쌍둥이지만 닮지 않았다.

10 나는 피곤하지만 자고 싶지 않다.

11 그들은 많은 돈이 있지만 행복하지 않다.

12 그녀는 일을 많이 하지만 스트레스를 받지 않는다.

키위엔 Vocab

- **fail** 실패하다
- **give up** 포기하다
- **often** 자주
- **disagree** 동의하지 않다
- **look alike** 닮다
- **get stressed out** 스트레스 받다

영어 문장 확인하기

1. The food was good, although it was expensive.

2. He can jump high, although he is short.

3. Although it rained, there were many people at the concert.

4. He did not give up although he failed many times.

5. She passed the test, although she didn't study hard.

6. Although I have a car, I like to ride my bicycle to work.

7. I respect him, although I often disagree with him.

8. Even though we were busy, we were happy.

9. Even though they are twins, they don't look alike.

10. I don't want to sleep, even though I am tired.

11. Even though they have a lot of money, they are not happy.

12. She doesn't get stressed out even though she works a lot.

Unit 38   be ~ing
~하는 중이다

■ Unit 38~40은 'be 동사 필수 패턴 - be ing' 영상의 내용입니다.

'be ~ing'는 '~하는 중이다'라는 뜻을 가진 대표적인 be동사 패턴이지만 앞서 배운 be동사 패턴들과는 위치적으로 조금 다른 특징을 가지고 있습니다. 대부분의 어휘력 패턴들은 문장을 만들 때 동사 앞에 위치하지만, be ~ing패턴의 be는 동사 앞에 위치하고 ing는 동사 뒤에 위치합니다.

강의 영상 보기

📝 키위엔 단어 위치 학습법

주어	동사	목적어

watch   보다
be watching   보고 있다 (보는 중이다)
↓
She   is watching   TV.
그녀는 TV를 보고 있어요.

* ~하는 중이다 = ~하고 있다

🧑‍🏫 준쌤의 Tip 하나!

많은 분들이 be ~ing 하면 '현재진행형'이라는 문법적 명칭을 떠올리시는데요. 실제로 이 패턴을 사용해 문장을 만들어 사용하기 위해서는 '현재진행형'이라는 명칭보다는 패턴의 뜻을 알고 문장 안에서의 위치를 파악하는 것이 더 중요합니다.

문장 연습하기

be ~ing 패턴으로 문장 만들기

▶ 평서문

They are working from home now.
그들은 지금 재택근무를 하고 있어요.

▶ 부정문

They are not working from home now.
그들은 지금 재택근무를 하고 있지 않아요.

▶ 의문문

Are they working from home now?
그들은 지금 재택근무를 하고 있나요?

실전 대화 연습하기

A Are you busy? What are you doing?
바쁘니? 뭐 하고 있어?

B I am having breakfast with my family.
나 가족들이랑 아침 먹는 중이야.

실생활 영어 표현 익히기 ▶ 단어의 위치를 생각하며 문장을 만들어 보세요.

1. 저는 샌드위치를 먹고 있어요.
2. 그녀는 그녀의 엄마와 얘기하고 있어요.
3. 그는 그의 차 키를 찾는 중이에요.
4. 우리는 영어를 배우려고 노력하는 중이에요.
5. 그녀는 친구들과 지금 브런치를 먹고 있어요.
6. 너 내 말 듣고 있어?
7. 그는 지금 머리를 자르고 있나요?
8. 그들은 지금 서울에 살고 있나요?
9. 당신의 남편은 해외에서 근무하고 있나요?
10. 너 지금 무슨 책 읽고 있어?
11. 나 지금 아무것도 하고 있지 않아.
12. 어떻게 지내고 있어?

키위엔 Vocab

- **look for** 찾다
- **try** 시도하다, 노력하다
- **get a haircut** 머리 자르다
- **overseas** 해외에, 외국에

영어 문장 확인하기

1. I am eating a sandwich.
2. She is talking to her mom.
3. He is looking for his car key.
4. We are trying to learn English.
5. She is having brunch with her friends now.
6. Are you listening to me?
7. Is he getting a haircut?
8. Are they living in Seoul now?
9. Is your husband working overseas?
10. What book are you reading now?
11. I am not doing anything right now.
12. How are you doing?

Unit 39 was / were ~ing
~하고 있었다

■ Unit 38~40은 'be 동사 필수 패턴 - be ing' 영상의 내용입니다.

be ~ing 패턴의 과거형은 'was/were ~ing'이며, 뜻은 '~을 하는 중이었다' 또는 '~을 하고 있었다'입니다. 그럼 이번에도 역시 키위엔의 단어 위치 학습법을 통해서 어떤 유용한 문장들을 만들 수 있는지 함께 알아보도록 할게요.

강의 영상 보기

🖉 키위엔 단어 위치 학습법

| 주어 | 동사 | 목적어 | + |

I **am watching** a movie at home. (현재)
나 집에서 영화 보는 중이야.

I **was watching** a movie at home. (과거)
나 집에서 영화 보는 중이었어.

👨‍🏫 준쌤의 Tip 하나!

~ing는 '~하는 중이다'가 아니에요. 꼭 be를 포함해 be ~ing로 기억해 주세요. 그래야 '~하는 중이다'라는 뜻이 완성됩니다!

문장 연습하기

be ~ing 패턴으로 과거시제 문장 만들기

▶ 평서문

I **am** hav**ing** dinner with my family.   나 가족들이랑 저녁 식사 중이야.
I **was** hav**ing** dinner with my family.   나 가족들과 저녁 식사 중이었어.

▶ 부정문

They **are not** pay**ing** attention.   그들은 집중하고 있지 않다.
They **were not** pay**ing** attention.   그들은 집중하고 있지 않았다.

▶ 의문문

Are you driv**ing**?   너 운전 중이니?
Were you driv**ing**?   너 운전 중이었니?

실전 대화 연습하기

A What **were** you do**ing** when I called you?
내가 전화했을 때 뭐하고 있었어?

B I **was** tak**ing** a nap. 나 낮잠 자고 있었어.

- **have** 먹다, 가지다   - **pay attention** 집중하다, 주목하다   - **take a nap** 낮잠 자다

실생활 영어 표현 익히기
▶ 단어의 위치를 생각하며 문장을 만들어 보세요.

1. 나는 낮잠을 자고 있었어.
2. 그는 빨래하는 중이었어.
3. 우리는 너에 대해 얘기하는 중이었어.
4. 내가 집에 도착했을 때 그들은 TV를 보고 있었어요.
5. 그녀는 안전벨트를 하고 있었나요?
6. 너 아침 먹는 중이었니?
7. 그들은 좋은 시간을 보내는 중이었나요?
8. 너 어디 가는 중이었니?
9. 너 공원에서 뭐 하고 있었어?
10. 그는 아무것도 하고 있지 않았어요.
11. 그녀는 어떻게 지내고 있었나요?
12. 너 무슨 생각 하고 있었던 거야?

키위엔 Vocab

- **take a nap** 낮잠자다
- **do the laundry** 빨래하다
- **wear a seat belt** 안전벨트를 하다

영어 문장 확인하기

1. I was taking a nap.
2. He was doing the laundry.
3. We were talking about you.
4. They were watching TV when I got home.
5. Was she wearing a seat belt?
6. Were you having breakfast?
7. Were they having a good time?
8. Where were you going?
9. What were you doing at the park?
10. He wasn't doing anything.
11. How was she doing?
12. What were you thinking?

Unit 40 be ~ing의 두 번째 뜻
내 영어에 경쟁력을 더해주자

■ Unit 38~40은 'be 동사 필수 패턴 - be ing' 영상의 내용입니다.

be ~ing 패턴에는 '~하는 중이다'라는 뜻 외에 또 다른 뜻이 존재한다는 것 알고 계셨나요? be ~ing의 두 번째 뜻은 '~할 것이다'로 원어민들은 will과 be going to만큼이나 be ~ing를 미래시제 표현으로 자주 사용하죠. 이것을 알아야 여러분의 영어에 경쟁력이 생깁니다. 어떠한 일이나 이벤트가 이미 정해지고 그래서 그것들이 확실하게 일어날 때, 또는 어떤 행동을 하겠다는 것을 강조할 때 be ~ing를 사용해 줍니다.

강의 영상 보기

🖊 키위엔 단어 위치 학습법

주어	동사	목적어	+

We are playing tennis.
① 우리는 테니스를 치는 중이야.

We are playing tennis tomorrow.
② 우리는 내일 테니스를 칠 거야.

 준쌤의 Tip 하나!

be ~ing의 뜻이 두 개이기 때문에 어떻게 상황마다 헷갈리지 않고 구분해서 해석해야 하는지 많은 분들이 궁금해하시는데요. 이 부분은 걱정하실 필요가 없어요. '~할 것이다'라는 뜻으로 be ~ing가 사용되는 경우 대부분 문장 안에 tomorrow와 같은 **미래를 나타내는 단어**가 함께 사용되어 자연스럽게 구분이 되고 해석되기 때문이죠.

문장 연습하기

be ~ing 패턴으로 미래시제 문장 만들기

▶ 평서문

We are leaving here tomorrow.
우리는 내일 이곳을 떠날 거예요.

▶ 부정문

I am not drinking again.
나 다시는 술 안 마실 거야.

▶ 의문문

Are you coming this Friday?
너 이번 주 금요일에 올 거야?

▶ 육하원칙 의문문

What are we having for dinner?
우리 저녁 식사로 뭐 먹을 거예요?

실전 대화 연습하기

A **What are you doing tonight?**
오늘 밤에 뭐 할 거야?

B **I am meeting my friends tonight. Do you want to join us?**
나 오늘 밤에 친구들 만날 거야. 너도 우리랑 같이 갈래?

실생활 영어 표현 익히기
▶ 단어의 위치를 생각하며 문장을 만들어 보세요.

1. 나 내년에 결혼해.
2. 나 이번 주말에 세차할 거야.
3. 그녀는 다음 주에 부모님을 뵈러 갈 거예요.
4. 우리는 다음 달에 출장을 갈 거예요.
5. 오늘은 누가 우리를 데리러 올 건가요?
6. 너 오늘 밤에 뭐 할 거야?
7. 너 서울로 이사 갈 거니?
8. 그는 오늘 오지 않을 거예요.
9. 오늘 밤은 우리 외식하지 않을 거야.
10. 그는 이번 주말에 술을 마시지 않을 거예요.
11. 우리는 더 이상 이 호텔에 머물지 않을 거예요.
12. 저는 그곳에 다시 가지 않을 거예요.

키위엔 Vocab
- **get married** 결혼하다
- **business trip** 출장
- **anymore** 더 이상
- **pick (누구) up** ~를 태우러 가다

 영어 문장 확인하기

1. I am getting married next year.

2. I am washing my car this weekend.

3. She is visiting her parents next week.

4. We are going on a business trip next month.

5. Who is picking us up today?

6. What are you doing tonight?

7. Are you moving to Seoul?

8. He is not coming today.

9. We are not eating out tonight.

10. He is not drinking this weekend.

11. We are not staying at this hotel anymore.

12. I am not going there again.

Unit 41 be supposed to
원래 ~하기로 되어있다

'be supposed to'는 '원래 ~하기로 되어 있다'라는 뜻으로 예정이나 계획된 일을 말할 때 쓸 수 있는 표현이며, '원래 ~을 해야 한다'라는 뜻으로도 해석됩니다. 이 패턴에서 제일 중요한 점은 바로 '원래'라는 부분이에요. 그냥 '~해야 한다'가 아니고 '원래 ~해야 한다'의 뉘앙스가 들어가 있는 것이죠.

강의 영상 보기

키위엔 단어 위치 학습법

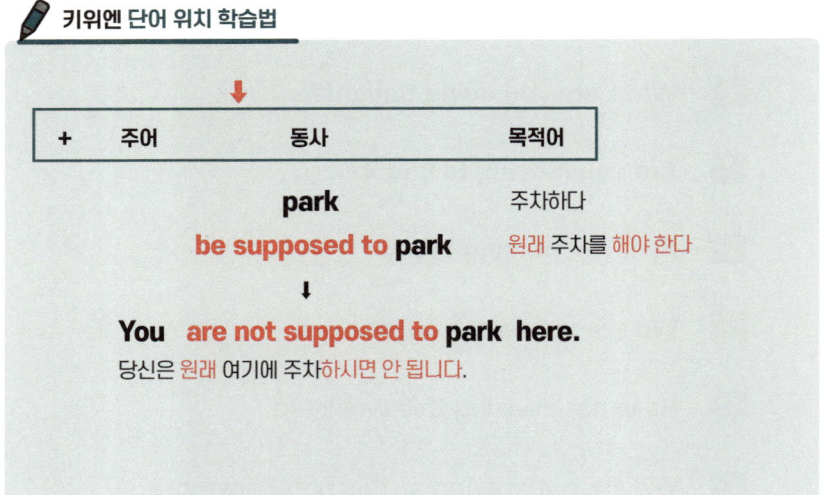

준쌤의 Tip 하나!

많은 분들이 '~을 해야만 한다'라는 뜻의 have to와 이 be supposed to를 헷갈리시는데 be supposed to는 '**원래** ~을 해야만 한다' 즉 '**원래** ~을 하기로 되어있다'라는 뜻입니다. 이 두 표현은 서로 뜻이 다르니, 이제 헷갈리지 마세요!

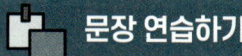 문장 연습하기

📖 be supposed to 패턴으로 과거시제 문장 만들기

▶ 평서문

I am supposed to meet a friend today.
나는 원래 오늘 친구를 만나기로 되어있다.

I was supposed to meet a friend today.
나는 원래 오늘 친구를 만나기로 되어있었다.

▶ 부정문

They are not supposed to work this weekend.
그들은 이번 주말에 일하지 않기로 되어있다.

They were not supposed to work this weekend.
그들은 이번 주말에 일하지 않기로 되어있었다.

▶ 의문문

Am I supposed to do this?
원래 제가 이걸 해야 하나요?

Was I supposed to do this?
원래 제가 이걸 해야 했던 건가요?

 실전 대화 연습하기

A **What are we supposed to do today?**
우리 오늘 원래 뭐 해야 하지?

B **We are supposed to stay home and do some house chores.**
우리 오늘 집에 있으면서 집안일 하기로 했어.

• **house chores** 집안일

실생활 영어 표현 익히기 ▶ 단어의 위치를 생각하며 문장을 만들어 보세요.

1. 나는 12시에 케빈을 만나기로 되어 있어.
2. 브라이언은 원래 직장에 있어야 해.
3. 너 원래 이거 하면 안 되는 거였어.
4. 원래는 이번 주에 날씨가 좋아야 하는데.
5. 그녀는 원래 준비되어 있어야 했어요.
6. 그가 원래 저희와 함께하기로 되어 있었나요?
7. 저희가 원래 이 상황에서 뭘 어떻게 해야 하죠?
8. 무슨 뜻으로 하신 말씀이죠?
9. 여기서 흡연하시면 안 됩니다.
10. 저는 수술 전에 아무것도 먹으면 안 돼요.
11. 이건 원래 쉬워야 하는데.
12. 이 영화 원래 재미있어야 하거든.

키위엔 Vocab

- **situation** 상황
- **smoke** 흡연하다
- **mean** 의미하다, 뜻하다
- **surgery** 수술

 영어 문장 확인하기

1. I am supposed to meet Kevin at noon.

2. Brian is supposed to be at work.

3. You were not supposed to do this.

4. The weather is supposed to be nice this week.

5. She was supposed to be ready.

6. Was he supposed to join us?

7. What are we supposed to do in this situation?

8. What is that supposed to mean?

9. You are not supposed to smoke here.

10. I am not supposed to eat anything before the surgery.

11. This is supposed to be easy.

12. This movie is supposed to be fun.

Unit 42 동명사 ~ing
~하는 것

동명사(~ing)를 알면 새로운 단어를 공부하지 않아도 여러분의 어휘력이 3배가 될 수 있어요. 동명사(~ing)의 뜻은 '~하는 것'이고, 동사 뒤에 ing가 위치해 주면서 동사를 명사로 바꿔줍니다. 이렇게 명사가 된 단어들은 주어 또는 목적어 자리에 위치할 수 있는데요. 영어 문장의 기본 어순인 '주어 + 동사 + 목적어'는 '명사 + 동사 + 명사'로도 볼 수 있기 때문입니다. 그럼 이미 알고 있는 동사 단어로 어떻게 새로운 표현들이 가능해지는지 확인해 보도록 할까요?

강의 영상 보기

✏️ 키위엔 단어 위치 학습법

▶ 목적어 위치에 쓰이는 동명사

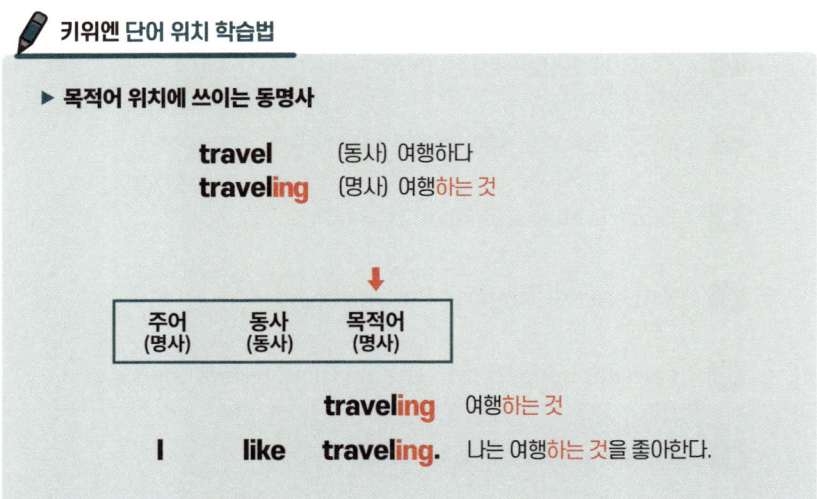

👨 준쌤의 Tip 하나!

이제 여러분이 이미 알고 있는 동사를 명사화시켜 더욱 다양한 표현을 만들 수 있어요.

ex)
주어	동사	목적어
I	like	traveling.
I	like	cooking.
I	like	studying.

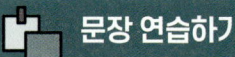 문장 연습하기

 주어 위치에 쓰이는 동명사

Step 1. 명사화 시켜주기

| **travel** | (동사) 여행하다 |
| **travel**ing | (명사) 여행하는 것 |

Step 2. 문장 완성하기

| 주어 | 동사 | 목적어 |
| 명사 | 동사 | 명사 |

Traveling   여행하는 것
Traveling   is fun.   여행하는 것은 즐겁다.

준쌤의 Tip 하나!

동명사가 주어 자리에 사용될 경우 주어 뒤에 다른 단어들을 추가해서 더 길고 디테일한 주어를 만들 수 있어요. 더 자세한 설명은 QR코드에 연결된 강의 영상을 참고해 주세요.

(ex) Eating is important.   먹는 것은 중요하다.
      주어

     Eating breakfast is important.   아침을 먹는 것은 중요하다.
        주어 확장

실생활 영어 표현 익히기
▶ 단어의 위치를 생각하며 문장을 만들어 보세요.

1. 나는 사람들과 대화하는 것을 좋아한다.
2. 나는 아침에 운동하는 것을 좋아한다.
3. 그녀는 쇼핑하는 것을 좋아한다.
4. 나는 디저트 먹는 것을 좋아한다.
5. 그는 설거지하는 것을 싫어한다.
6. 나는 지는 것을 싫어한다.
7. 그녀는 사진 찍는 걸 즐긴다.
8. 내 가족은 여행하는 것을 즐긴다.
9. 밤에 일하는 것은 쉽지 않다.
10. 매주 여행하는 것은 비용이 많이 들 수 있다.
11. 해외에서 사는 것은 어렵다.
12. 충분한 물을 섭취하는 것은 중요하다.

 키위엔 Vocab

- **costly** 비용이 많이 드는

 영어 문장 확인하기

1. I like talking to people.
2. I like working out in the morning.
3. She loves shopping.
4. I love eating dessert.
5. He hates doing the dishes.
6. I hate losing.
7. She enjoys taking pictures.
8. My family enjoys traveling.
9. Working at night is not easy.
10. Traveling every weekend can be costly.
11. Living abroad is difficult.
12. Getting enough water is important.

Unit 43 because
~때문에

Unit 18, 26, 31, 43은 '긴 문장 영어 어순' 영상의 내용입니다.

'because'는 '~때문에' 또는 '~해서'라는 뜻을 가지고 있는 연결고리입니다. 이유를 설명할 때 사용하는 표현이죠. 그럼 because가 사용된 다양한 일상 표현들을 함께 알아보도록 하겠습니다.

강의 영상 보기

✏️ 키위엔 단어 위치 학습법

긴 문장 어순:

문장 1	연결고리	문장 2

I like him.
나는 그가 좋다

He is honest.
그는 정직하다.

I like him **because** **he is honest.**
나는 그가 정직해서 좋다.

She called me.
그녀는 나에게 전화했다.

She needed my help.
그녀는 내 도움이 필요했다.

She called me **because** **she needed my help.**
그녀는 내 도움이 필요해서 나에게 전화했다.

- **honest** 정직한, 솔직한
- **help** 도움, 도와주다

문장 연습하기

연결고리로 두 문장을 이어 긴 문장 만들기

예문 1) 평서문 + 평서문

I have to move because I got a new job.
나 새로운 직업을 구해서 이사해야 해.

예문 2) 의문문 + 평서문

Were you mad because he was late?
그가 지각해서 화가 났었나요?

예문 3) 부정문 + 평서문

I did not buy it because it was too expensive.
그게 너무 비쌌기 때문에 나는 그것을 사지 않았어.

 준쌤의 Tip 하나!

because라는 연결고리는 상황에 따라 'because of'로도 대체해 줄 수 있어요. 단, 'because of'가 사용될 때는 그 뒤에 '문장' 대신 '명사'가 옵니다.

(ex) I can't sleep because of the noise. 나는 소음 때문에 잠을 잘 수 없다.
(명사)

- **noise** 소음

실생활 영어 표현 익히기 ▶ 단어의 위치를 생각하며 문장을 만들어 보세요.

1. 나는 하와이가 아름답기 때문에 가고 싶다.

2. 그녀는 새 핸드폰이 너무 비싸서 사지 않았다.

3. 그는 몸이 좋지 않아서 일찍 퇴근했다.

4. 나는 버스를 놓쳐서 택시를 탔다.

5. 그녀는 요리하는 것을 좋아하기 때문에 보통 집에서 먹는다.

6. 그는 아파서 오지 않았다.

7. 저는 오늘 출근 첫날이라 긴장돼요.

8. 오늘 밤은 일이 많아서 못 나가요.

9. 그가 성가시게 해서 제니는 그와 얘기하지 않는다.

10. 그는 그의 가족 때문에 담배를 끊었다.

11. 나는 교통 체증 때문에 회사에 지각했다.

12. 제임스는 취업 면접 때문에 하루 종일 스트레스를 받았다.

 키위엔 **Vocab**

- **traffic jam** 교통 체증
- **annoying** 성가신, 귀찮게 하는

영어 문장 확인하기

1. I want to go to Hawaii because it's beautiful.
2. She didn't buy the new phone because it was too expensive.
3. He left work early because he didn't feel good.
4. I took a taxi because I missed the bus.
5. She usually eats at home because she likes cooking.
6. He didn't come because he was sick.
7. I am nervous because it's my first day at work.
8. I can't go out tonight because I have a lot of work to do.
9. Jenny doesn't talk to him because he is annoying.
10. He stopped smoking because of his family.
11. I was late to work because of the traffic jam.
12. James was stressed out all day because of the job interview.

Unit 44 used to
~을 했었다 (한때)

Unit 44~45는 'used to 와 be used to 차이점' 영상의 내용입니다.

'used to'는 '한때 ~를 했었다 / ~를 하곤 했었다'라는 뜻의 어휘력 패턴입니다. 이번 unit에서는 반드시 기억해야 할 두 가지가 있어요. 첫째, used to는 '한때 ~을' 했던 거니까 지금은 더 이상 하지 않는 것을 의미합니다. 둘째, used to 자체가 과거 시제를 나타내는 패턴이기 때문에 부정문은 'did not use to'로, 의문문은 'did'로 문장을 만들어 줘야 합니다.

강의 영상 보기

🖊 키위엔 단어 위치 학습법

준쌤의 Tip 하나!

used to 패턴은 **현재시제와 미래시제가 존재하지 않으니** 이 점 꼭 유의하세요.

문장 연습하기

used to 패턴으로 문장 만들기

▶ 평서문

　　used to live 살았었다
We used to live in the U.S.
우리는 한때 미국에 살았었다.

▶ 부정문

　　did not use to watch 보지 않았었다
I did not use to watch dramas.
나는 예전에 드라마를 보지 않았어요.

▶ 의문문

　　You used to work there.
　　너는 거기서 일했었다.
Did you use to work there?
너 거기서 일했었니?

실전 대화 연습하기

A Do you play any instruments?
　　너 다루는 악기 있어?

B Yes, I used to play the piano.
　　응, 나 어렸을 때 피아노 쳤었어.

실생활 영어 표현 익히기 ▶ 단어의 위치를 생각하며 문장을 만들어 보세요.

1. 나는 일주일에 한 번씩 서울에 가곤 했다.
2. 내 아내와 나는 버스로 출퇴근했었다.
3. 나는 한때 거기에 살았었다.
4. 그는 예전에 선생님이었다.
5. 우리는 절친이었다.
6. 그들은 토요일에 일했었나요?
7. 당신은 필라테스를 배웠었나요?
8. 나는 야채를 먹지 않았었지만 지금은 먹는다.
9. 그는 예전에 커피를 좋아하지 않았다.
10. 우리는 매년 그곳에 갔었다.
11. 그녀는 매일 아침 운동을 했었다.
12. 우리는 몇 시간씩 통화하곤 했다.

 키위엔 Vocab

- **talk on the phone** 전화 통화하다
- **for hours** 오랜시간 동안

영어 문장 확인하기

1. I used to go to Seoul once a week.
2. My wife and I used to take the bus to work.
3. I used to live there.
4. He used to be a teacher.
5. We used to be best friends.
6. Did they use to work on Saturdays?
7. Did you use to learn pilates?
8. I did not use to eat vegetables, but I do now.
9. He did not use to like coffee.
10. We used to go there every year.
11. She used to exercise in the morning.
12. We used to talk on the phone for hours.

Unit 45  be used to
~에 익숙하다

■ Unit 44~45는 'used to 와 be used to 차이점' 영상의 내용입니다.

'be used to' 패턴은 unit 44에서 배운 used to와 비슷해 보이지만 다른 패턴입니다. 대부분의 어휘력 패턴들은 뒤에 동사가 오지만 be used to 패턴 뒤에는 동사가 아닌 '동사ing'나 '명사'가 온다는 점이 특징이죠. 그럼 '~에 익숙하다'라는 뜻의 be used to 패턴이 들어간 문장들을 함께 보도록 할게요.

강의 영상 보기

✎ 키위엔 단어 위치 학습법

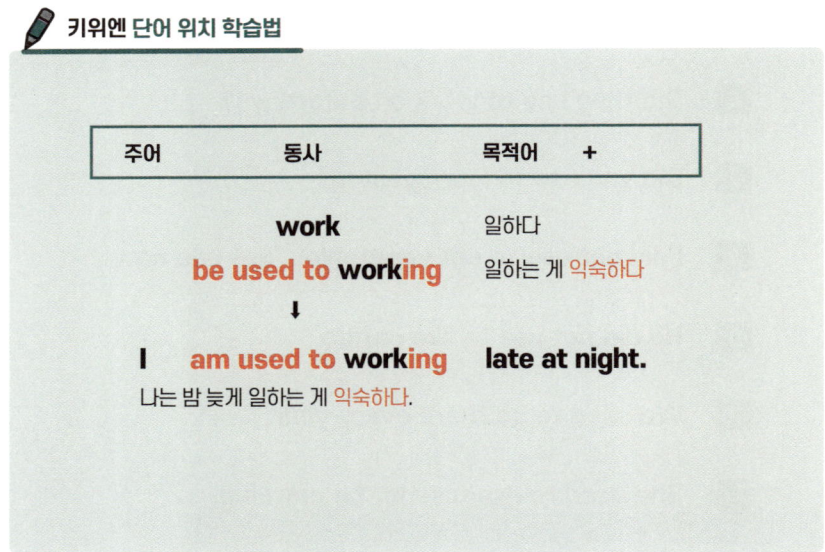

* be used to + (동사ing) = ~하는 게 익숙하다   * be used to + (명사) = ~에 익숙하다

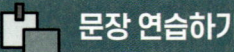 문장 연습하기

be used to 패턴으로 문장 만들기

▶ 평서문

　　be used to wearing　착용하는 것에 익숙하다
We are used to wearing masks.
우리는 마스크를 쓰는 게 익숙하다.

▶ 부정문

　　be not used to waking up　일어나는 것에 익숙하지 않다
I am not used to waking up early.
나는 일찍 일어나는 게 익숙하지 않다.

▶ 의문문

She is used to making Korean food.
그녀는 한식을 만드는 게 익숙하다.

Is she used to making Korean food?
그녀는 한식을 만드는 게 익숙하니?

실전 대화 연습하기

A Are you used to taking the bus every morning?
넌 매일 아침 버스 타는 게 익숙해?

B At first, it was hard. But I am used to it now.
처음에는 힘들었는데 지금은 익숙해.

- **wear** 입다, 착용하다　　• **at first** 처음에는　　• **hard** 어려운, 힘든

실생활 영어 표현 익히기
▶ 단어의 위치를 생각하며 문장을 만들어 보세요.

1 저는 엄마를 도와드리는 게 익숙해요.

2 그는 큰 결정들을 내리는 게 익숙해요.

3 우리는 아파트에 사는 것에 익숙해요.

4 저는 혼자 밥 먹는 게 익숙해요.

5 당신은 일찍 일어나는 것에 익숙한가요?

6 그는 늦게까지 깨어있는 것에 익숙한가요?

7 그들은 서울에서 지하철을 타는 것에 익숙한가요?

8 당신은 아침에 명상하는 것에 익숙한가요?

9 우리 가족은 도시에서 사는 것에 익숙하지 않아요.

10 제이슨은 큰 차를 운전하는 게 익숙하지 않아요.

11 그는 이 일에 익숙하지 않아요.

12 저의 부모님은 온라인으로 물건을 사는 것에 익숙하지 않아요.

 키위엔 Vocab

- **decision** 결정　● **stay up late** 늦게까지 깨어있다　● **meditate** 명상하다

 **영어 문장 확인하기**

1. I am used to helping my mom.

2. He is used to making big decisions.

3. We are used to living in an apartment.

4. I am used to eating alone.

5. Are you used to waking up early?

6. Is he used to staying up late?

7. Are they used to taking the subway in Seoul?

8. Are you used to meditating in the morning?

9. My family is not used to living in the city.

10. Jason is not used to driving a big car.

11. He is not used to this job.

12. My parents are not used to buying things online.

Unit 46

try to
~하려고 노력하다

'try to'는 '~하려고 노력한다'라는 뜻의 어휘력 패턴입니다. 이번 unit에서는 'try to'뿐만 아니라 과거형인 'tried to'와 미래형인 'will try to'까지 함께 알아보도록 할게요.

강의 영상 보기

✏️ 키위엔 단어 위치 학습법

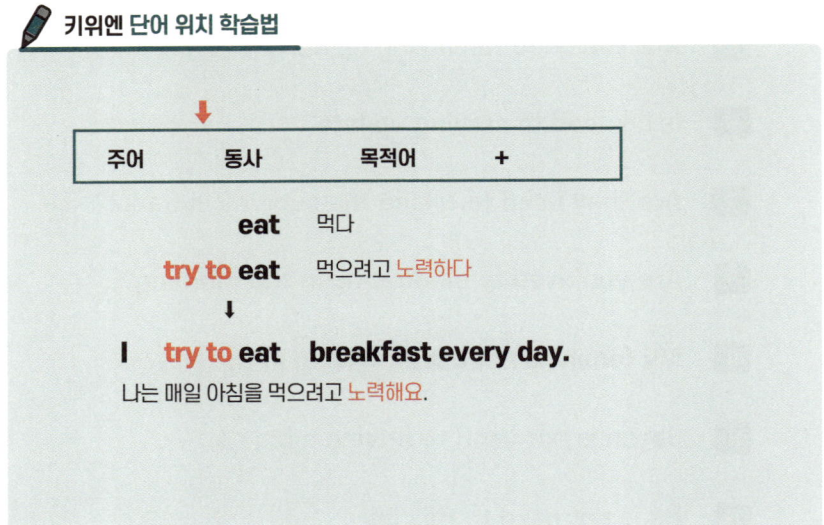

🧑‍🏫 준쌤의 Tip 하나!

try to는 '~하려고 노력한다'라는 뜻도 되지만 '~하려고 시도한다' 또는 '~하려고 하다'라는 뜻도 됩니다.

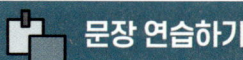 문장 연습하기

 try to 패턴으로 시제별 문장 만들기

try to exercise 운동하려고 하다

I **try to** exercise three times a week. (현재)
저는 일주일에 세 번 운동하려고 해요.

I **tried to** exercise every day. (과거)
저는 매일 운동하려고 했어요.

I **will try to** exercise at least three times a week. (미래)
저는 적어도 일주일에 세 번은 운동하려고 할 거예요.

 실전 대화 연습하기

A I need to lose weight. I gained a lot.
   나 살 빼야 해. 살이 많이 쪘어.

B **Try to** walk 30 minutes after dinner every day.
   매일 저녁 식사 후 30분 동안 걸으려고 해봐.

- **gain** 얻다, 증가하다   - **lose weight** 살을 빼다

PART 3 **205**

실생활 영어 표현 익히기 ▶ 단어의 위치를 생각하며 문장을 만들어 보세요.

1. 저는 일찍 자려고 노력해요.

2. 우리는 최선을 다하려고 노력해요.

3. 나는 이제부터 건강에 좋은 음식을 먹도록 노력할 거야.

4. 그녀는 일주일에 적어도 3번은 운동하려고 해요.

5. 내가 퇴근하고 그녀에게 연락하려고 해볼게.

6. 좀 쉬려고 해봐.

7. 난 그를 설득하려고 노력했어.

8. 그는 그의 아이들과 시간을 보내려 노력해요.

9. 너 그에게 연락하려고 해봤어?

10. 당신은 그 가게에서 환불받으려고 했나요?

11. 서두르려 해봐.

12. 나를 탓하려 하지 마.

키위엔 Vocab

- **at least** 적어도
- **convince** 납득시키다, 설득하다
- **contact** 연락하다
- **get a refund** 환불받다
- **quick** 빠른
- **blame** ~을 탓하다

 **영어 문장 확인하기**

1. I try to sleep early.

2. We try to do our best.

3. I will try to eat healthy food from now on.

4. She tries to work out at least 3 times a week.

5. I will try to call her back after work.

6. Try to get some rest.

7. I tried to convince him.

8. He tries to spend time with his children.

9. Did you try to contact him?

10. Did you try to get a refund from the store?

11. Try to be quick.

12. Don't try to blame me.

Unit 47 try not to
~하지 않으려고 노력하다

'try not to'는 '~을 하지 않으려고 노력하다'라는 뜻의 패턴입니다. 많은 분들이 try not to와 do not try to를 헷갈려 하시는데, 이 부분을 정확히 짚고 넘어가 볼게요. 'do not try to'는 '~을 하려고 하지 않는다'라는 뜻으로 무엇을 하려고 '노력하지 않는다'라는 의미이고, 반면 'try not to'는 '~을 하지 않기 위해서 노력한다'라는 뜻으로 어떤 행동을 하지 않으려고 '노력한다'는 뜻입니다.

강의 영상 보기

📝 키위엔 단어 위치 학습법

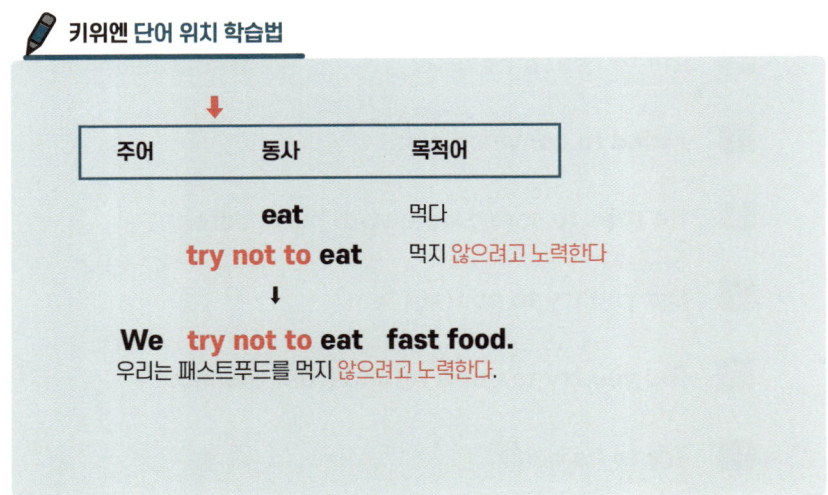

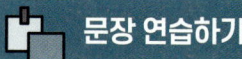
문장 연습하기

📖 try not to 패턴으로 시제별 문장 만들기

▶ 현재

try not to think
생각하지 않으려고 한다

She tries not to think about it.
그녀는 그것에 대해서 생각하지 않으려고 한다.

▶ 과거

tried not to sleep
자지 않으려고 노력했다

We tried not to sleep late on weekdays.
우리는 평일에 늦게 자지 않으려고 노력했다.

▶ 미래

will try not to spend
쓰지 않으려고 할 것이다

I will try not to spend too much money.
제가 돈을 너무 많이 쓰지 않도록 해볼게요.

💬 실전 대화 연습하기

A James, you shouldn't drink too much coffee.
제임스, 너 커피 너무 많이 마시면 안 돼.

B Okay, I will try not to (drink so much).
알겠어. 많이 안 마시려고 해볼게.

- **weekdays** 평일, 주중   - **spend** (시간, 돈) 쓰다

실생활 영어 표현 익히기 ▶ 단어의 위치를 생각하며 문장을 만들어 보세요.

1. 그것에 대해 생각하지 않으려고 해봐.

2. 아침을 거르지 않으려고 해봐.

3. 상처를 만지지 않으려 노력해봐.

4. 난 널 실망시키지 않으려고 노력했어.

5. 우리는 웃지 않으려고 했다.

6. 내가 영화를 보는 동안 잠들지 않도록 노력해 볼게.

7. 널 방해하지 않으려 노력할게.

8. 그들은 영화를 볼 때 울지 않으려 노력했다.

9. 나는 같은 실수를 하지 않으려고 노력한다.

10. 그는 수술 후에 과로하지 않으려 한다.

11. 당신은 요즘 술 마시지 않으려고 노력하시나요?

12. 우리는 당신의 시간을 낭비하지 않도록 노력할 것입니다.

키위엔 Vocab

- **skip** 거르다, 건너뛰다
- **wound** 상처, 부상
- **let (누구) down** ~를 실망시키다
- **disturb** 방해하다
- **overwork** 과로하다

영어 문장 확인하기

1. Try not to think about it.
2. Try not to skip breakfast.
3. Try not to touch the wound.
4. I tried not to let you down.
5. We tried not to laugh.
6. I will try not to fall asleep during the movie.
7. I will try not to disturb you.
8. They tried not to cry during the movie.
9. I try not to make the same mistakes.
10. He tries not to overwork after the surgery.
11. Do you try not to drink these days?
12. We will try not to waste your time.

Unit 48 어휘력 패턴 + be 동사

어휘력 패턴들 뒤에는 동사(원형)가 오지만 동사 대신 be동사를 사용해 동사화시킨 표현들도 올 수 있습니다. 예를 들면 'be happy'(be + 형용사)나 'be a teacher'(be + 명사) 같은 단어들이 어휘력 패턴 뒤에 위치해 줄 수 있는 거죠. 이 방법을 알면 여러분이 이미 알고 있는 형용사나 명사를 사용해 또 한 번 새로운 영어 문장들을 만들 수 있습니다.

강의 영상 보기

🖊 키위엔 단어 위치 학습법

| I **want to meet**. | 나는 만나길 원해요. |
| (동사) | |

| I **want to be tall**. | 나는 키가 크고 싶어요. |
| (be+형용사) | |

| I **want to be a singer**. | 나는 가수가 되고 싶어요. |
| (be+명사) | |

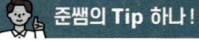

준쌤의 Tip 하나!

위의 응용법은 모든 어휘력 패턴에 적용할 수 있으니 이점을 꼭 기억하세요!

문장 연습하기

어휘력 패턴과 be동사를 사용해 문장 만들기

▶ like to + be　　　I like to be outside.
　　　　　　　　　　나는 밖에 있는 것을 좋아한다.

▶ need to + be　　　You need to be polite.
　　　　　　　　　　너는 예의 있게 행동해야 할 필요가 있어.

▶ be going to + be　　She is going to be a teacher soon.
　　　　　　　　　　그녀는 곧 선생님이 될 거야.

▶ have to + be　　　You don't have to be perfect.
　　　　　　　　　　넌 완벽하지 않아도 돼.

▶ should + be　　　This should be enough.
　　　　　　　　　　이거면 충분할 거야.

▶ might + be　　　I might be late.
　　　　　　　　　　나 늦을지도 몰라.

▶ used to + be　　　He used to be shy.
　　　　　　　　　　그는 수줍음을 탔었다.

▶ try to + be　　　I try to be nice to everyone.
　　　　　　　　　　나는 모두에게 친절하게 대하려고 노력한다.

실생활 영어 표현 익히기
▶ 단어의 위치를 생각하며 문장을 만들어 보세요.

1. 나는 유명해지고 싶다.
2. 그녀는 그녀의 가족들과 있는 것을 좋아한다.
3. 너는 조심할 필요가 있다.
4. 그들은 곧 준비가 될 겁니다.
5. 당신은 인내심이 있어야 해요.
6. 당신은 부주의하면 안 돼요.
7. 그는 지금 바쁠지도 몰라요.
8. 그녀는 30분 전에 이곳에 와 있어야 했어요.
9. 우리는 한때 친구였어요.
10. 저는 책임감을 가지려고 노력합니다.
11. 그는 너에게 잘해주고 있어.
12. 저는 혼자 있는 것에 익숙해요.

키위엔 Vocab
- **famous** 유명한
- **careful** 조심하는
- **patient** 참을성 있는
- **careless** 조심성 없는, 부주의한
- **responsible** 책임감 있는

 영어 문장 확인하기

1. I want to be famous.
2. She likes to be with her family.
3. You need to be careful.
4. They are going to be ready soon.
5. You have to be patient.
6. You should not be careless.
7. He might be busy now.
8. She was supposed to be here 30 minutes ago.
9. We used to be friends.
10. I try to be responsible.
11. He is being nice to you.
12. I am used to being alone.

Special Lecture
한눈에 보는 어휘력 패턴 활용법

어휘력 패턴이 들어간 문장을 만드는 방법은 '주어 + 동사 + 목적어'로 된 기본 문장의 동사 앞에 어휘력 패턴을 추가해 주는 것입니다. 간단하지만 정말 중요한 이 방법을 알면 어떤 문장도 쉽게 영어로 말할 수 있습니다.

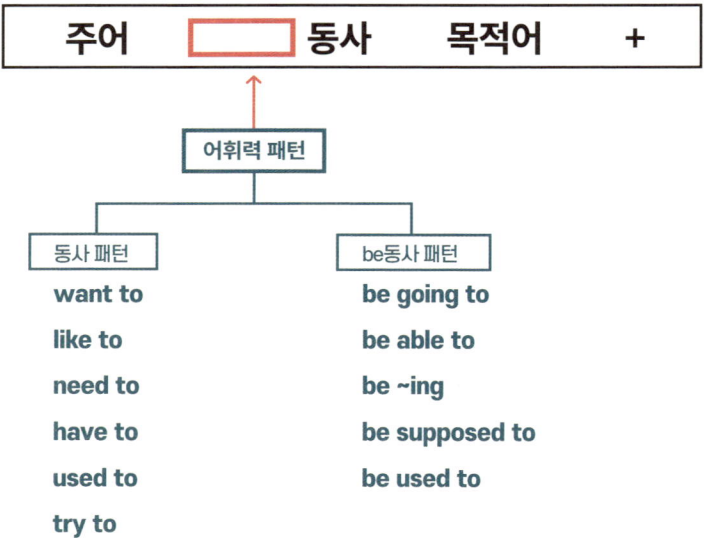

> **준쌤의 Tip 하나!**
>
> 영어는 결국 동사가 들어간 문장과 be동사가 들어간 문장으로 나뉘기 때문에 어휘력 패턴도 '동사 패턴'과 'be동사 패턴'으로 나누어집니다. 이 개념을 알아야 영어가 됩니다.

패턴만 보면 문장이 보인다

어휘력 패턴 문장 빠르고 쉽게 만드는 방법

❶ 평서문에 사용된 어휘력 패턴이 동사 패턴인지 be동사 패턴인지 확인한다.
❷ 어휘력 패턴에 be동사가 포함되어 있을 경우 부정문은 be not 라인으로, 의문문은 be 라인으로 만들어 준다.
❸ 반대로 어휘력 패턴에 be동사가 포함되어 있지 않으면 그 패턴은 동사 패턴이기 때문에 부정문은 do not 라인으로, 의문문은 do 라인으로 만들어 준다.

They want to play golf. (평)
want to (be동사 포함 안 됨)

They are going to play golf. (평)
be going to (be동사 포함됨)

They do not want to play golf. (부)
Do they want to play golf? (의)

They are not going to play golf. (부)
Are they going to play golf? (의)

기억하세요! 모든 어휘력 패턴은 be동사가 포함된 패턴과 be동사가 포함되지 않은 패턴으로 나뉩니다.

PART 04

내 영어의
디테일을 완성하다

왕초보도 100% 성공하는 영어 비법

영어는 배우는 순서가 중요합니다. 즉, 기초일수록 작은 것부터가 아니라 크고 중요한 것부터 먼저 배워야 영어 전체를 보게 되고 정말로 영어를 내 것으로 만들 수 있습니다. Part. 01에서는 영어라는 집의 큰 틀(어순)을 잡았고, Part. 02에서는 동사의 방과 be동사의 방 그리고 연결고리를 사용한 긴 문장의 방 등으로 나눠 다양한 용도의 방들이 있는 집을 완성했습니다. Part. 03에서는 그렇게 지은 집의 필수 가전과 가구 역할을 하는 어휘력 패턴들을 채워 넣어봤는데요, 이번 Part. 04에서는 그동안 저희가 지은 영어라는 집에 디테일을 더하여 멋지게 꾸며 보도록 하겠습니다.

Unit 49 ing vs ed
차이와 쓰임새

영어에는 exciting과 excited처럼 단어의 끝이 'ing'나 'ed'로 끝나는 단어들이 있습니다. 이 단어들은 형용사인데 여기서 중요한 점은 ing나 ed로 끝나는 형용사들이 원래는 동사였다는 점이에요. 다시 말하면 동사 뒤에 ing 또는 ed가 오면서 형용사가 된 단어들이라는 거죠. 그럼 ing와 ed로 끝나는 단어들은 어떤 차이가 있으며 언제 어떻게 사용되는지 알아보도록 할게요.

강의 영상 보기

🖊 키위엔 단어 위치 학습법

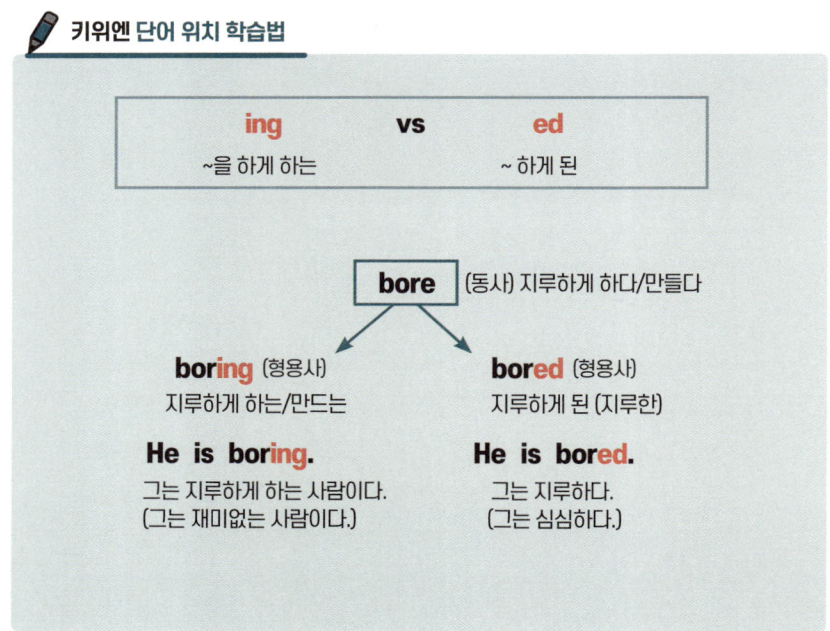

문장 연습하기

ing/ed 형용사로 문장 만들기

(1) 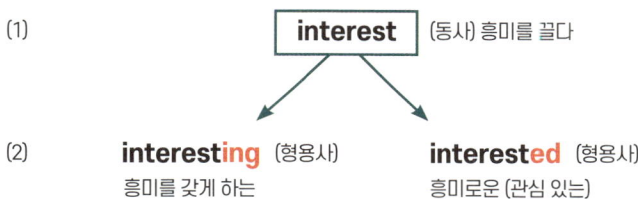 interest (동사) 흥미를 끌다

(2) **interesting** (형용사) **interested** (형용사)
   흥미를 갖게 하는   흥미로운 (관심 있는)

(3) **The story is interesting.**   **I am interested in history.**
   그 이야기는 흥미를 갖게 한다.   나는 역사에 흥미가 있다.
   (그 이야기는 흥미롭다.)   (나는 역사에 관심 있다.)

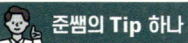 준쌤의 **Tip** 하나!

~ing로 끝나는 형용사가 들어간 문장은 사람 외에 다른 것들(사물)도 주어가 될 수 있지만 ~ed로 끝나는 형용사가 들어간 문장은 감정이나 느낌을 느낄 수 있는 대상(사람,동물)만이 주어가 될 수 있어요. ing와 ed의 장점은 이미 아는 동사를 형용사로 만들어 2개의 새로운 표현을 할 수 있다는 점이에요!

실생활 영어 표현 익히기 ▶ 단어의 위치를 생각하며 문장을 만들어 보세요.

1. 나는 너무 심심하다.
2. 나는 창피하다.
3. 이 커피 훌륭하네요.
4. 이 책은 흥미롭다.
5. 그는 충격을 받았다.
6. 탐은 우울하다.
7. 그는 성가셨다.
8. 그 결과는 실망스러웠다.
9. 우리는 실망했다.
10. 그 뉴스는 놀라웠다.
11. 그녀는 놀랐었다.
12. 그녀는 한국 여행에 대해 매우 신이 났다.

키위엔 Vocab

- **embarrass** (동) 창피하게 하다 - **amaze** (동) 놀라게 하다 - **disappoint** (동) 실망하게 하다 - **shock** (동) 충격을 주다 - **interest** (동) 흥미를 끌다 - **surprise** (동) (뜻밖의 일로) 놀라게 하다 - **depress** (동) 우울하게 하다 - **annoy** (동) 성가시게 하다/ 짜증 나게 하다

 **영어 문장 확인하기**

1. I am so bored.
2. I am embarrassed.
3. This coffee is amazing.
4. This book is interesting.
5. He was shocked.
6. Tom is depressed.
7. He was annoying.
8. The result was disappointing.
9. We are disappointed.
10. The news was surprising.
11. She was surprised.
12. She is so excited about her trip to Korea.

Unit 50 명령문
~해/ ~하지 마

이번 unit에서는 명령문에 대해서 알아볼게요. 대부분의 영어 문장은 '주어 + 동사 + 목적어' 순으로 만들어지지만, 명령문은 주어를 포함하지 않고 동사로 시작합니다(명령문 어순: 동사 + 목적어). 그럼 어떤 명령문들이 가능한지 함께 확인해 보도록 하겠습니다.

강의 영상 보기

키위엔 단어 위치 학습법

주어	동사

Have a seat.   앉으세요.
Be careful.   조심해.

준쌤의 Tip 하나!

명령문에 please를 붙여주면 정중하고 예의 있는 표현이 될 수 있어요.

(ex) Please be quiet. = Be quiet, please.
     조용히 해주세요.

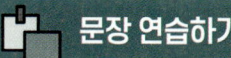 문장 연습하기

 부정 명령문 만들기

주어　　동사

Don't go there.　　거기 가지 마.
Don't do that.　　그거 하지 마.
Don't waste your time.　　너의 시간을 낭비하지 마.

Don't be late.　　늦지 마세요.
Don't be selfish.　　이기적으로 굴지 마.
Don't be afraid.　　겁내지 마.

실전 대화 연습하기

A　You look so tired.　　너 많이 피곤해 보여.
B　I pulled an all-nighter last night.　　나 어젯밤에 밤새웠거든.
A　You should get some sleep.　　너 좀 자야 할 것 같아.
B　I am going to bed right now. Don't wake me up.
　　지금 자러 갈 거야. 나 깨우지 마.

 준쌤의 Tip 하나!

무엇을 하지 말라고 말할 때는 don't 을 사용해 줍니다. 그리고 do r ot 뒤에는 동사가 와야 하기 때문에 동사나 be동사로 시작하는 단어들이 오는 거죠.

(ex)　Don't go there.
　　　Don't be late.

• **pull an all-nighter** 밤새다　• **get some sleep** 잠을 좀 자다

PART 4　**225**

실생활 영어 표현 익히기 ▶ 단어의 위치를 생각하며 문장을 만들어 보세요.

1. 일찍 오세요.
2. 그를 도와줘.
3. 앉아주세요.
4. 시간 날 때 그녀에게 전화하세요.
5. 요리할 때 조심하세요.
6. 수업 중에는 조용히 해 주세요.
7. 다른 사람들을 방해하지 마세요.
8. 그거 먹지 마. 상했을 지도 몰라.
9. 밤에 전화하지 마세요.
10. 고집부리지 마.
11. 면접에 늦지 마세요.
12. 겁내지 마.

키위엔 Vocab

- **cook** 요리하다
- **interrupt** 방해하다
- **spoiled** 썩은
- **stubborn** 고집스러운
- **interview** 면접, 인터뷰

 **영어 문장 확인하기**

1. Come early.

2. Help him.

3. Please sit down.

4. Call her when you have time.

5. Be careful when you cook.

6. Please be quiet during the class.

7. Don't interrupt other people.

8. Don't eat that. It might be spoiled.

9. Don't call me at night.

10. Don't be stubborn about it.

11. Don't be late for your interview.

12. Don't be afraid.

Unit 51 전치사 at, in, on

대표적인 전치사로는 at, in, on이 있어요. 기본적으로 at은 '~에서', in은 '~안에' 그리고 on은 '~위에'라는 뜻으로 알려져 있지만 우리가 이 전치사들을 제대로 이해하고 쉽게 사용하기 위해서는 상황별로 나눠서 공부해 줘야 합니다. 왜냐하면 같은 전치사라도 상황에 따라 뜻이 바뀌기 때문이죠. 그럼 at, in, on을 사용해서 위치나 장소를 나타내는 법을 배워 보도록 할게요.

강의 영상 보기

키위엔 단어 위치 학습법

I am **at** school.   나 학교에 있어.
I am **in** the classroom.   나 교실에 있어.

We are **at** home.   우리는 집에 있어.
We are **in** my room.   우리는 내 방에 있어.

She is **at** work.   그녀는 직장에 있어.
She is **in** the meeting room.   그녀는 회의실에 있어.

 준쌤의 Tip 하나!

장소나 위치를 나타낼 때 at과 in은 둘 다 '~에' 또는 '~에서'라는 뜻이에요. 하지만 at은 주로 특정 장소, 그 '전체'를 나타낼 때 사용되고, in은 그 특정 장소 안의 공간을 나타낼 때 사용돼요.

 집 → at   거실 + 화장실 + 내 방 + 안방 → in

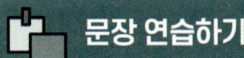 문장 연습하기

on 의 정확한 사용법

on은 정확히 말해 어떤 '표면 위에'라는 뜻입니다. 아래 그림과 같이 on은 세로인 표면이어도 되고 가로인 표면이어도 상관없어요. 중요한 것은 그 표면에 닿아 있어서 '위에 있다'라는 느낌을 줄 때 사용하는 전치사라는 거죠. 그래서 책상 위의(가로) 휴대폰의 위치나 벽에 있는(세로) 액자의 위치를 표현할 때 둘 다 on을 사용하는 거예요.

Your phone is on the desk.
네 휴대폰은 책상에 있어.

There is a nice picture on the wall.
벽에 멋진 그림이 있다.

실전 대화 연습하기

A **Are you at work?**   너 직장이야?

B **No, I'm in my room.**   아니, 나 내 방이야.

A **Good. Do you see my phone in the room?**
잘 됐네. 방안에 핸드폰 보이니?

B **Yes, it is on the desk.**   응, 책상 위에 핸드폰 있는데.

A **Thank God. I thought I lost it.**   다행이다. 핸드폰을 잃어버린 줄 알았어.

실생활 영어 표현 익히기 ▶ 단어의 위치를 생각하며 문장을 만들어 보세요.

1. 나는 카페에 있다.

2. 그는 회의실에 있다.

3. 너 사무실에 있어?

4. 엄마는 부엌에 있다.

5. 그녀는 거실에서 TV를 보고 있다.

6. 당신은 공항에 있습니까?

7. 우리는 어젯밤 식당에서 좋은 음식을 먹었다.

8. 길가에 쓰레기를 버리면 안 돼요.

9. 그들은 벽에 거울을 걸어 놓았다.

10. 당신의 차 열쇠는 소파 위에 있습니다.

11. 당신 얼굴에 뭐가 묻었어요.

12. 제 휴대폰이 탁자 위에 있나요?

🗨 키위엔 Vocab

- **street** 거리, 도로 - **hang** 걸다 - **wall** 벽

 영어 문장 확인하기

1. I am at a cafe.
2. He is in the meeting room.
3. Are you in the office?
4. Mom is in the kitchen.
5. She is watching TV in the living room.
6. Are you at the airport?
7. We had a good meal at the restaurant last night.
8. You should not litter on the street.
9. They hung the mirror on the wall.
10. Your car key is on the sofa.
11. There is something on your face.
12. Is my cell phone on the table?

Unit 52. at, in, on
시간, 년도, 요일

전치사 at, in, on은 위치뿐만이 아니라 시간, 요일, 월, 날짜 등을 표현할 때도 사용됩니다. 그럼 이와 관련된 at, in, on의 활용법을 알아보도록 할까요?

강의 영상 보기

🖊️ 키위엔 단어 위치 학습법

▶ **at + 시간 : ~시에**
I will meet you at 8:30 tomorrow. 내일 8시 반에 볼게요.
We usually have dinner at 7 p.m. 우리는 주로 7시에 저녁을 먹어요.

▶ **in + 월(달) : ~월에**
My birthday is in November. 내 생일은 11월이야 (11월에 있어).
The movie will be released in May. 그 영화는 5월에 개봉될 거야.

▶ **in + 년도, 계절 : ~년에/ ~(계절)에**
I was born in 2000. 나는 2000년에 태어났어요.
People like to travel in summer. 사람들은 여름에 여행하는 것을 좋아해요.

> **준쌤의 Tip 하나!**
>
> 기억하세요. 오전, 오후, 저녁은 in을 사용하고 밤은 at을 사용합니다.
>
> in the morning   아침에
> in the afternoon   오후에
> in the evening   저녁에
> at night   밤에

문장 연습하기

on 으로 문장 만들기

▶ **on** 요일: ~(날)에

What are you doing **on** Friday?   금요일에 뭐해?
Where are you going **on** Christmas day?   크리스마스에 어디 갈 거야?

달(month) 영어 표현

January	1월	July	7월
February	2월	August	8월
March	3월	September	9월
April	4월	October	10월
May	5월	November	11월
June	6월	December	12월

요일(day) 영어표현

Monday (월)	Tuesday (화)	Wednesday (수)
Thursday (목)	Friday (금)	Saturday (토)
Sunday (일)		

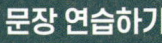 준쌤의 Tip 하나!

생일, 기념일 또는 크리스마스처럼 공휴일도 월요일부터 일요일 중 한 날이기 때문에 요일 앞에 사용하는 on을 사용합니다. 단어의 끝이 '-day'로 끝나면 on을 사용해 준다고 기억하시면 헷갈리지 않을 거예요.

(ex) We will eat out **on** my birth**day**. 내 생일날 외식할 거예요.

실생활 영어 표현 익히기 ▶ 단어의 위치를 생각하며 문장을 만들어 보세요.

1. 그 영화 7시 30분에 시작해.

2. 나의 하루는 아침 6시에 시작된다.

3. 저는 밤에 일해요.

4. 그는 12월에 태어났어요.

5. 탐은 4월에 한국에 갈 거예요.

6. 제 아내와 저는 2017년에 결혼했어요.

7. 나는 저녁에 내 개들을 산책시킨다.

8. 그는 여름에 청바지를 입지 않는다.

9. 너 생일에 뭐 할 거야?

10. 당신은 월요일부터 일을 시작할 수 있나요?

11. 제니는 토요일에 이곳을 떠날 것이다.

12. 브라이언은 기념일에 아내에게 꽃을 주었다.

키위엔 Vocab

- **born** 태어난
- **get married** 결혼하다
- **wear** 입다, 착용하다
- **walk the dog** 개를 산책 시키다
- **anniversary** 기념일

 **영어 문장 확인하기**

1. The movie starts at 7:30 p.m.
2. My day starts at 6 o'clock in the morning.
3. I work at night.
4. He was born in December.
5. Tom is going to Korea in April.
6. My wife and I got married in 2017.
7. I walk my dogs in the evening.
8. He doesn't wear jeans in summer.
9. What are you doing on your birthday?
10. Can you start working on Monday?
11. Jenny is leaving here on Saturday.
12. Brian gave flowers to his wife on their anniversary.

Unit 53 · for의 다양한 쓰임새

전치사 for는 '~을 위해서'라는 뜻으로 많이 알려졌지만 모든 전치사는 상황에 따라 그 뜻이 바뀔 수 있고 for도 예외는 아닙니다. 이번 unit에서는 for의 올바른 사용법 및 다양한 뜻을 쓰임새별로 깔끔히 정리해 보도록 할게요.

강의 영상 보기

 키위엔 단어 위치 학습법

I bought something for you.
(내가) 널 위해 뭘 샀어.

I can do anything for my kids.
나는 내 아이들을 위해 무엇이든 할 수 있어.

My parents did everything for me.
내 부모님은 나를 위해 모든 걸 해줬어.

- **bought** 샀다 (**buy**의 과거)

문장 연습하기

for의 다양한 활용법

▶ for 시간 : ~동안

I lived in America for 5 years.
저는 미국에 5년 동안 살았어요.

I studied English for 3 hours yesterday.
저는 어제 영어를 3시간 동안 공부했어요.

I only slept for a couple of hours.
나 겨우 두 시간(동안)밖에 못 잤어.

▶ for 아침/ 점심/ 저녁 : (식사)로

I always have cereal for breakfast.
난 항상 아침으로 시리얼을 먹어.

I had a sandwich for lunch.
나 점심으로 샌드위치 먹었어.

What do you want to eat for dinner?
저녁으로 뭐 먹고 싶어?

실전 대화 연습하기

A **Happy birthday! We got this present for you.**
생일 축하해! 널 위해 이 선물을 준비했어.

B **Thank you so much. How did you get these shoes?**
정말 고마워. 이 신발을 어떻게 구한 거야?

A **We waited in line for 2 hours.**
우리 2시간 동안 줄을 서서 기다렸어.

실생활 영어 표현 익히기 ▶ 단어의 위치를 생각하며 문장을 만들어 보세요.

1. 그녀는 아이들을 위해 디저트를 만든다.
2. 내가 너에게 커피 좀 가져다줄게.
3. 무엇을 도와 드릴까요?
4. 이것 좀 해줄래?
5. 그는 건강을 위해 매일 아침 달리기를 합니다.
6. 우리는 그 집에서 2년 동안 살았다.
7. 저는 한 달 동안 입원했어요.
8. 그는 몇 주 동안 휴가를 갈 것이다.
9. 나는 아침으로 항상 시리얼을 먹는다.
10. 이거 공짜예요?
11. 저는 면접에 늦었어요.
12. 나는 학교 시험공부를 해야 한다.

키위엔 Vocab

- **bring** 가져오다
- **hospitalized** 입원한
- **a few weeks** 몇 주동안
- **exam** 시험
- **free** 자유로운, 무료인

 영어 문장 확인하기

1. She makes desserts for her kids.
2. I will bring some coffee for you.
3. What can I do for you?
4. Can you do this for me?
5. He runs every morning for his health.
6. We lived in the house for 2 years.
7. I was hospitalized for a month.
8. He is going on a vacation for a few weeks.
9. I always eat cereal for breakfast.
10. Is this for free?
11. I'm late for the job interview.
12. I need to study for my school exam.

Unit 54 during vs while
~동안

during과 while은 둘 다 뜻이 '~동안'으로 알려져 영어를 배우시는 분들에게 혼란을 주기도 합니다. 하지만 during은 그 뒤에 '명사(특정 기간)'가 오고 while은 연결고리이기 때문에 그 뒤에 '문장'이 옵니다. 그럼 during과 while을 사용한 문장들을 비교해 보면서 확실히 감을 키워 보도록 할게요.

강의 영상 보기

 키위엔 단어 위치 학습법

▶ **during + 명사**

He fell asleep during the movie.
그는 영화를 보는 동안 잠이 들었다.

We are going to go to Hawaii during the vacation.
우리는 휴가 동안 하와이에 갈 거야.

You cannot use your phone during the exam.
당신은 시험 보는 동안 핸드폰을 사용할 수 없습니다.

 준쌤의 Tip 하나!

during은 전치사이고 while은 접속사(연결고리)인데요. 영어문장을 만드는 데 있어 '전치사'나 '접속사'와 같은 문법적 표현들 자체는 크게 중요하지 않아요. 그것보다는 각 표현의 뜻을 알고 어떻게 문장을 만드는지를 아는 것이 중요합니다.

- **fall asleep** 잠들다

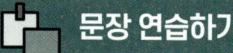 문장 연습하기

▶ while + 문장

He fell asleep while he was watching the movie.
그는 영화를 보는 동안에 잠이 들었어요.

Can you wash the dishes while I am making pasta?
내가 파스타를 만드는 동안 설거지를 해줄 수 있니?

▶ while + 동사ing

I watch TV while having a meal.
나는 밥 먹는 동안 TV를 본다.

She listens to music while exercising.
그녀는 운동하는 동안 노래를 듣는다.

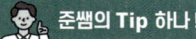 준쌤의 Tip 하나!

while 뒤에는 문장 대신 '**동사ing**'가 올 수 있다는 점도 참고하세요!

실생활 영어 표현 익히기 ▶ 단어의 위치를 생각하며 문장을 만들어 보세요.

1. 그들은 여름 동안 매일 수영을 한다.

2. 밤 동안 비가 많이 내렸다.

3. 그는 회의 중에 아무 말도 하지 않았다.

4. 우리는 연휴 동안 집에 있었어.

5. 수업하는 동안 무엇을 배웠니?

6. 그녀는 여행하는 동안 아팠다.

7. 아빠는 아침을 드시면서 신문을 읽으신다.

8. 그녀는 준비하는 동안 그녀의 사장님으로부터 전화를 받았다.

9. 그는 낮 동안 자고 밤에 일한다.

10. 당신은 운동하는 동안 음악을 듣습니까?

11. 기다리시는 동안 뭐 좀 갖다 드릴까요?

12. 통화하면서 운전하는 것은 위험하다.

키위엔 Vocab

- **close** 닫다　● **sick** 아픈　● **get ready** 준비하다　● **dangerous** 위험한

영어 문장 확인하기

1. They swim every day during the summer.
2. It rained a lot during the night.
3. He didn't say anything during the meeting.
4. We stayed home during the holiday.
5. What did you learn during the class?
6. She was sick during the trip.
7. My dad reads the newspaper while having his breakfast.
8. She got a call from her boss while she was getting ready.
9. He sleeps during the day and works at night.
10. Do you listen to music while you are exercising?
11. Can I get you anything while you are waiting?
12. Driving while talking on the phone is dangerous.

Unit 55 비인칭 주어 It
날씨, 시간, 요일

It은 '그것'이라는 뜻을 가지고 있지만 문장에 뜻이 없는 주어로 사용되는 경우가 있습니다. 이것을 비인칭 주어 It이라고 하는데 영어에서는 날씨, 시간, 요일, 거리 등을 나타낼 때 사용되죠. 그럼 아래 예문들을 보면서 자세히 알아보도록 할게요.

강의 영상 보기

🖊️ 키위엔 단어 위치 학습법

▶ 날씨   How is the weather?   날씨 어때?
          It is cold today.   오늘 추워.

▶ 시간   What time is it?   몇 시야?
          It is 10 o'clock.   10시야.

▶ 요일   What day is it today?   오늘 무슨 요일이지?
          It is Friday.   금요일이야.

▶ 날짜   What is the date today? 오늘 며칠이야?
          It is May 4th.   5월 4일이야.

▶ 거리   Is it far from here?   여기서 멀어?
          No, it is not that far. 아니, 그렇게 멀지 않아.

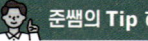 준쌤의 Tip 하나!

실제 대화 중에는 It is를 줄여서 It's로 많이 표현하니까, It's로 연습해 보시길 추천드립니다!

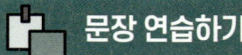
문장 연습하기

▶ 날씨
A How is the weather? 날씨 어때?
B It is sunny today. 오늘 날씨가 화창해.

▶ 시간
A What time is it there? 거기는 몇 시야?
B It is 2 o'clock here. 여기는 2시야.

▶ 요일
A What day is it today? 오늘 무슨 요일이지?
B It is Monday. 월요일이야.

▶ 날짜
A When is your birthday? 너 생일 언제야?
B It is on August 7th. 8월 7일이야.

▶ 거리
A How far is it from here? 여기서 얼마나 멀어?
B It is 5 kilometers away from here. 여기서 5km 떨어져 있어.

실전 대화 연습하기

A How is the weather today? 오늘 날씨 어때?
B It's 35 degrees outside. 밖은 35도야.
A It's too hot. We should just stay home.
너무 덥네. 우리 그냥 집에 있어야겠다.

실생활 영어 표현 익히기 ▶ 단어의 위치를 생각하며 문장을 만들어 보세요.

1. 멀지 않아.

2. 벌써 여름이다.

3. 밖에 비와.

4. 어두워지고 있어.

5. 어제는 수요일이었어.

6. 아직도 밖이 환해.

7. 어제 화요일이었니?

8. 새벽 다섯 시야.

9. 내일은 더울 거예요.

10. 벌써 10월이야.

11. 늦었어. (시간)

12. 여기는 겨울입니다.

💬 키위엔 Vocab

• **far** 멀리, 먼   • **rain** 비, 비가 오다   • **get dark** 어두워지다   • **bright** 밝은, 눈부신

 **영어 문장 확인하기**

1. It's not far.
2. It's summer already.
3. It's raining outside.
4. It is getting dark.
5. It was Wednesday yesterday.
6. It's still bright outside.
7. Was it Tuesday yesterday?
8. It's 5 o'clock in the morning.
9. It is going to be hot tomorrow.
10. It's already October.
11. It's late.
12. It's winter here.

Unit 56 ago & later
~전에 ~후에

'ago'와 'later'는 before와 after랑 비슷한 듯하지만, 쓰임새와 문장을 만드는 방법이 다릅니다. Unit 31에서 배웠듯이 before와 after는 주 기능이 연결고리로서 두 문장을 하나의 긴 문장으로 이어주는 역할을 하지만 ago와 later는 그 앞에 시간의 단위를 나타내는 단어들이 위치해 주면서 문장이 만들어집니다. ago와 before의 가장 큰 차이는 ago는 '지금으로부터'라는 기준점을 갖고 '얼마 전'이라는 뜻이지만 before는 그 기준시점이 언제든 상관없이 '~전에'라는 뜻이 되는 것입니다.

강의 영상 보기

 키위엔 단어 위치 학습법

I met my friends 3 days ago.
나는 3일 전에 내 친구들을 만났다.

He was here 10 minutes ago.
그는 10분 전에 여기 있었어.

She called you an hour ago.
그녀가 한 시간 전에 너에게 전화했어.

 준쌤의 Tip 하나!

before와 ago의 차이점을 아래의 예문을 통해 한 번 더 확인해 보세요. before 다음에 '문장'이 온다면 ago는 그 앞에 '시간 단위의 단어'가 옵니다.

(ex) I drink coffee before I go to work. 나는 일 가기 전에 커피를 마신다.
　　　(before + 문장)
　　I saw her 10 minutes ago. 나는 10분 전에 그녀를 봤다.
　　　(시간 단위 + ago)

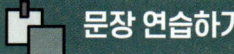

 in vs later

ago는 지금으로부터 '~ 전에'라는 뜻이지만 지금으로부터 '~ 후에'는 later가 아니에요. 지금을 기준으로 얼마 후에는 in을 사용해줘야 하고, 과거나 미래의 한 시점을 기준으로 '~후에'를 표현할 때는 later를 사용합니다.

▶ in + 시간 단위 : ~후에 (지금으로부터)

"내가 10분 후에 전화할게."
I will call you in 10 minutes. (O)
I will call you 10 minutes later. (X)

▶ 시간 단위 + later : ~후에 (과거/ 미래의 한 시점을 기준으로)

They got married 3 years ago and they had a baby 2 years later.
그들은 3년 전에 결혼했고 2년 후에 아기를 가졌다.

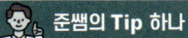 준쌤의 Tip 하나!

later는 '(막연하게) ~후에'라는 뜻으로도 사용할 수 있어요. 그래서 언제 다시 볼지 모르지만, 헤어지면서 '나중에 보자'라고 할 때 **'See you later!'**이라고 하는 거죠.

실생활 영어 표현 익히기 ▶ 단어의 위치를 생각하며 문장을 만들어 보세요.

1. 15분 후에 내가 널 데리러 갈게.
2. 너 이거 이틀 안에 할 수 있어?
3. 우리 학교는 3주 후에 시작한다.
4. 그 영화는 10분 후에 시작할 것이다.
5. 나 거의 다 왔어. 5분 뒤에 나와.
6. 그녀는 집에 와서 5분 만에 잠들었다.
7. 나중에 얘기하자.
8. 그녀는 나중에 그것을 할 것이다.
9. 저는 한 달 전에 일을 그만뒀어요.
10. 나는 며칠 전에 그녀를 봤어.
11. 우리는 이틀 전에 새로운 직원을 고용했어요.
12. 원래 한 시간 전에 넌 내게 전화해야 했어.

키위엔 Vocab

- **almost** 거의, 대부분
- **hire** (사람을) 고용하다

 영어 문장 확인하기

1. I will pick you up in 15 minutes.
2. Can you do it in two days?
3. My school starts in three weeks.
4. The movie is going to start in 10 minutes.
5. I'm almost there. Come out in 5 minutes.
6. She came home and fell asleep in 5 minutes.
7. I will talk to you later.
8. She will do it later.
9. I quit my job a month ago.
10. I saw her a few days ago.
11. We hired a new employee two days ago.
12. You were supposed to call me an hour ago.

Unit 57. What + 의문문

우리는 앞서 Unit 7에서 기본 의문문에 육하원칙을 한 번 더 사용해 또 다른 질문을 만들 수 있다는 것을 배웠습니다. 예를 들면 'Do you want to eat? (너 먹고 싶니?)'라는 기본 의문문 앞에 what을 사용해서 'What do you want to eat? (너는 무엇을 먹고 싶니?)'라는 질문을 할 수 있는 거죠. 하지만 what은 다른 육하원칙들과는 다르게 특별한 응용이 가능합니다.

강의 영상 보기

🖉 키위엔 단어 위치 학습법

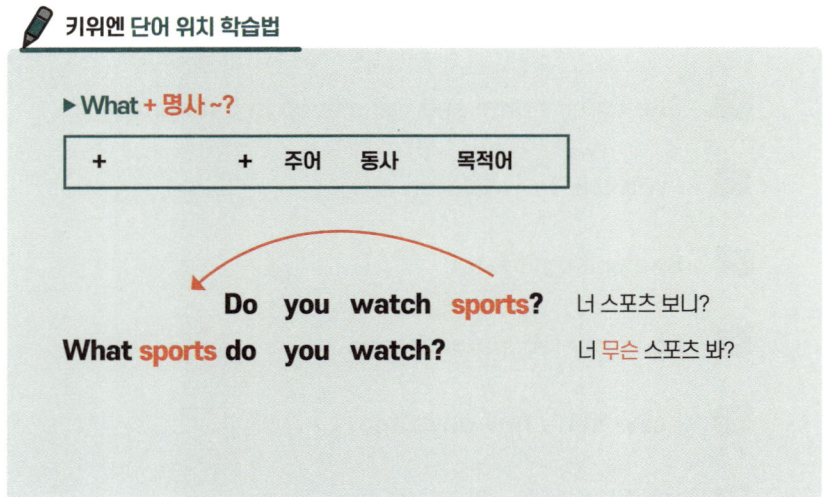

🧑 준쌤의 Tip 하나!

what을 사용해 의문문을 만들게 되면 기본 의문문 안의 목적어가 what 뒤로 이동하게 돼요. 하지만 what이 아닌 다른 육하원칙들이 사용되었을 때는 목적어가 이동하지 않는다는 점 유의하세요.

 Do you want a car?   너는 차를 원하니?
Why do you want a car?   너는 왜 차를 원하니?

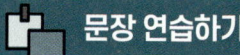 문장 연습하기

▶ What + kind of ~?

What food do you like? 무슨 음식을 좋아하세요?
What kind of food do you like? 어떤 종류으 음식을 좋아하세요?

What bread do you like? 무슨 빵을 좋아하세요?
What kind of bread do you like? 어떤 종류으 빵을 좋아하세요?

실전 대화 연습하기

A **What kind of food do you like?** 어떤 종류의 음식을 좋아하세요?
B **I like Korean food.** 저는 한국 음식을 좋아해요.
A **Oh, I love Korean food too!** 오, 저도 한국 음식 진짜 좋아해요!

 준쌤의 Tip 하나!

What kind of 다음에는 명사가 오며, 그 뜻은 '어떤 종류의 무엇'이 돼요. 구체적인 종류를 물어볼 때 사용해 주는 거죠.

실생활 영어 표현 익히기
▶ 단어의 위치를 생각하며 문장을 만들어 보세요.

1. 너 무슨 책 읽고 있어?
2. 그녀는 어떤 아이스크림을 가장 좋아하나요?
3. 어느 식당이 늦게까지 문을 여나요?
4. 그들은 어젯밤에 무슨 영화를 봤나요?
5. 그들은 내일 몇 시에 도착할 거야?
6. 그들은 어떤 언어를 말할 수 있나요?
7. 당신은 어떤 종류의 영화를 좋아합니까?
8. 내가 어떤 종류의 옷을 입어야 할까?
9. 그는 어떤 종류의 스포츠를 좋아합니까?
10. 너는 어떤 종류의 샴푸를 사용하니?
11. 너는 어떤 종류의 음악을 듣니?
12. 당신의 개는 어떤 종인가요?

키위엔 Vocab

- **the most** 가장많이

영어 문장 확인하기

1. What book are you reading?
2. What ice cream does she like the most?
3. What restaurants are open late?
4. What movie did they watch last night?
5. What time will they arrive tomorrow?
6. What languages can they speak?
7. What kind of movies do you like?
8. What kind of clothes should I wear?
9. What kind of sports does he like?
10. What kind of shampoo do you use?
11. What kind of music do you listen to?
12. What kind of dog do you have?

Unit 58 How + 의문문

'How + 형용사~?'는 '얼마나 ~해?'라는 뜻의 질문을 할 수 있게 해주고, 또 'How + many~?'나 'How + much~?'는 '얼마나 많은~'이라는 뜻의 의문문을 가능하게 해줍니다. 이번 unit에서는 how를 사용한 의문문을 만들 때 응용 가능한 다양한 문장들을 형식별로 알아보도록 할게요.

강의 영상 보기

🖊 키위엔 단어 위치 학습법

▶ How + 형용사 ~?

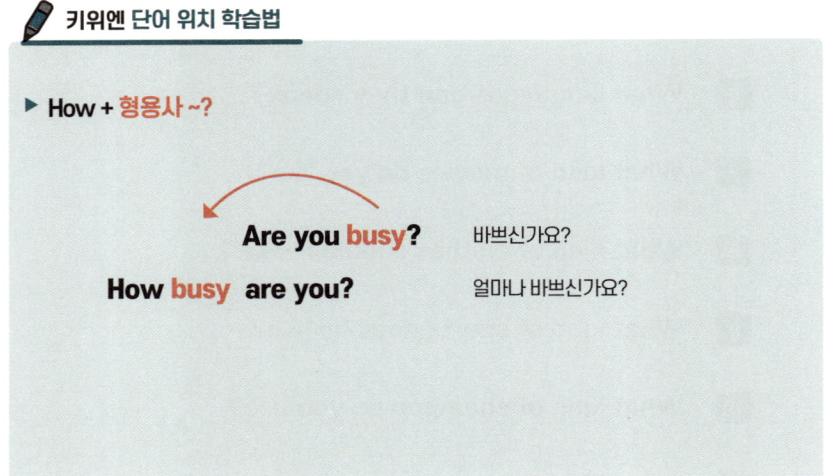

Are you busy?	바쁘신가요?
How busy are you?	얼마나 바쁘신가요?

 준쌤의 Tip 하나!

How를 사용해 의문문을 만들면 기본 의문문 안의 형용사가 How 뒤로 이동하게 돼요.

문장 연습하기

▶ How + much ~?

How much time do you need?
시간이 얼마나 필요하세요?
How much coffee did you drink?
커피를 얼마나 마셨나요?

▶ How + many ~?

How many people do you need?
얼마나 많은 사람이 필요하세요?
How many dogs do you have?
반려견이 몇 마리 있으신가요?

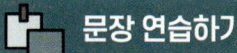 준쌤의 Tip 하나!

How much와 How many의 뜻은 동일하게 '얼마나 많은~'이지만, how much 뒤에는 '**셀 수 없는 명사**'가 오며 how many 뒤에는 '**셀 수 있는 명사**'가 옵니다!

● 셀 수 없는 명사의 예: 시간, 돈, 액체, 가루, 덩어리 (빵, 치즈) 등등

실생활 영어 표현 익히기 ▶ 단어의 위치를 생각하며 문장을 만들어 보세요.

1. 몇 살이세요?
2. 아드님은 키가 어떻게 되세요?
3. 그녀는 얼마나 화가 났었나요?
4. 당신은 얼마나 만족하시나요?
5. 그게 얼마나 어려웠죠?
6. 너희 집 여기서 얼마나 멀어?
7. 시간이 얼마나 오래 걸리나요?
8. 당신은 하루에 물을 얼마나 마시나요?
9. 그들은 얼마나 많은 돈을 빌리길 원했나요?
10. 당신은 자녀가 몇 명입니까?
11. 그거 얼마예요?
12. 몇 명이나 올 거예요?

키위엔 Vocab

- **angry** 화난
- **satisfied** 만족한
- **difficult** 어려운
- **borrow** 빌리다

영어 문장 확인하기

1. How old are you?
2. How tall is your son?
3. How angry was she?
4. How satisfied are you?
5. How difficult was it?
6. How far is your house from here?
7. How long does it take?
8. How much water do you drink a day?
9. How much money did they want to borrow?
10. How many children do you have?
11. How much is it?
12. How many people are coming?

Unit 59 Don't you ~?
부정 의문문

■ Unit 59~60은 '의문문 vs 부정 의문문' 영상의 내용입니다.

'부정 의문문'은 기본 의문문인 'Do you~?'나 'Are you~?'에 not이 추가된 질문이에요. Do와 be동사 뒤에 not을 위치해 주면 'Do you~?'라는 기본 의문문은 'Don't you~?'라는 부정 의문문이 되고 'Are you~?'는 'Aren't you~?'라는 부정 의문문이 되는 거죠. 부정형으로 질문하는 것이기 때문에 뜻은 '~하지 않니?' 또는 '~ 안 하니?'가 됩니다. 이번 unit에서는 'Don't you~?'부터 알아보도록 하겠습니다.

강의 영상 보기

🖋 키위엔 단어 위치 학습법

(기본 의문문)   (부정 의문문)

Do you like coffee?   vs   **Don't** you like coffee?
너 커피 좋아하니?   너 커피 안 좋아하니?

Do you need more time?   vs   **Don't** you need more time?
너 시간이 더 필요하니?   너 시간이 더 필요하지 않니?

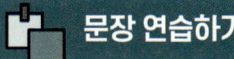 문장 연습하기

실전 대화 1

A **Don't** you have work tomorrow? 너 내일 일하지 않아?
B No, I don't. 아니, 나 내일 일 안 해.

실전 대화 2

A **Didn't** you call me last night? 너 어젯밤 나한테 전화하지 않았어?
B Yes, I did. 응, 전화했었어.

실전 대화 3

A **Can't** you speak English? 너 영어 할 수 있지 않아?
B Yes, I can. 응, 할 수 있지.

실전 대화 4

A Why **didn't** you tell me about this?
왜 나한테 얘기 안 했어?
B Because you were too busy with work.
왜냐하면 네가 일 때문에 너무 바빴잖아.

 준쌤의 Tip 하나!

위에 '실전 대화 4'의 문장처럼 '부정 의문문' 역시 육하원칙을 사용해서 더 자세한 질문을 만들어 줄 수 있어요.

실생활 영어 표현 익히기 ▶ 단어의 위치를 생각하며 문장을 만들어 보세요.

1. 너 그녀를 좋아하지 않니?
2. 너 나한테 미안하지 않아?
3. 너 그렇게 생각하지 않아?
4. 그가 차 키를 가지고 있지 않나요?
5. 그녀는 엄마를 닮지 않았나요?
6. 병가를 내야 하는 거 아닌가요?
7. 혼자 살고 싶지 않나요?
8. 곧 집에 가야 하는 거 아니야?
9. 너 유럽 여행하고 싶지 않니?
10. 우리 2층에 주차하지 않았어?
11. 너 내 문자 받지 않았니?
12. 왜 오늘 아침에 나 안 깨웠어?

키위엔 Vocab

- **call in sick** 병가를 내다

영어 문장 확인하기

1. Don't you like her?
2. Don't you feel sorry for me?
3. Don't you think so?
4. Doesn't he have the car key?
5. Doesn't she look like her mom?
6. Don't you have to call in sick?
7. Don't you want to live by yourself?
8. Don't you need to go home soon?
9. Don't you want to travel to Europe?
10. Didn't we park the car on level 2?
11. Didn't you get my message?
12. Why didn't you wake me up this morning?

Unit 60 Aren't you ~?
부정 의문문

■ Unit 59~60은 '의문문 vs 부정 의문문' 영상의 내용입니다.

'부정 의문문'은 기본 의문문인 'Do you~?'나 'Are you~?'에 not이 추가된 질문이에요. Do와 be동사 뒤에 not을 위치해 주면 'Do you~?'라는 기본 의문문은 'Don't you~?'라는 부정 의문문이 되고 'Are you~?'는 'Aren't you~?'라는 부정 의문문이 되는 거죠. 부정형으로 질문하는 것이기 때문에 뜻은 '~하지 않니?' 또는 '~ 안 하니?'가 됩니다. 이번 unit에서는 'Aren't you~?'에 대해서 알아보겠습니다.

강의 영상 보기

🖊️ 키위엔 단어 위치 학습법

(기본 의문문)   (부정 의문문)

Are you tired?   vs   **Aren't you tired?**
너 피곤하니?   너 안 피곤하니?

Are you hungry?   vs   **Aren't you hungry?**
너 배고파?   너 배고프지 않아?

문장 연습하기

실전 대화 1

A Aren't you thirsty?
B Yes, I am.

너 목마르지 않니?
응, 나 목말라.

실전 대화 2

A Weren't you there?
B No, I wasn't.

너 거기 있지 않았니?
아니, 없었어.

실전 대화 3

A Isn't this nice?
B Yes, it is. Where did you get it?

이거 좋지 않아?
응, 좋네. 어디서 샀어?

실전 대화 4

A Wasn't she late again?
B Yes, she was.

걔(그녀) 또 늦지 않았어?
응, 늦었어.

준쌤의 Tip 하나!

'부정 의문문' 역시 다양한 시제로 응용할 수 있어요.

(ex) Aren't you busy? → Weren't you busy?
　　 너 바쁘지 않아?　　 너 바쁘지 않았어?

실생활 영어 표현 익히기 ▶ 단어의 위치를 생각하며 문장을 만들어 보세요.

1. 너 안 추워?
2. 그들은 절친 아니니?
3. 그녀는 정말 대단하지 않니?
4. 그거 비싸지 않아?
5. 당연한 거 아니야?
6. 너 그녀를 안 도와줄 거니?
7. 그에게 사실을 말하지 않을 거니?
8. 너 이거 오늘 끝낼 수 있지 않아?
9. 케빈 다음 주에 한국 오지 않아?
10. 그녀는 원래 지금 집에 있어야 하는 거 아니야?
11. 그가 너희 고등학교 선생님 아니었어?
12. 그녀가 거짓말했을 때 화나지 않았니?

키위엔 Vocab

- **obvious** 당연한
- **truth** 진실

 영어 문장 확인하기

1. Aren't you cold?
2. Aren't they best friends?
3. Isn't she really amazing?
4. Isn't that expensive?
5. Isn't it obvious?
6. Aren't you going to help her?
7. Aren't you going to tell him the truth?
8. Aren't you able to finish this today?
9. Isn't Kevin coming to Korea next week?
10. Isn't she supposed to be at home now?
11. Wasn't he your high school teacher?
12. Weren't you angry when she lied?

PART 05

실전 감각 키우기

Daily English Conversation

영어회화의 완성

이번 Part. 05에서는 지금까지 배운 것들로 자연스러운 영어 대화가 이루어지는 것을 확인해 볼 것입니다. 다양한 일상 대화가 영어로 가능해지는 기분 좋은 경험을 해보세요.

실전 영어 대화 01

▶ 회화의 필수인 어휘력 패턴과 연결고리가 실제 대화에서 어떻게 쓰이는지 확인해 보세요.

Daily English Conversation

A I can't find my phone. Have you seen it?

B Did you check your bag?

A Yeah, it's not there.

B What about the kitchen? You were in there earlier.

A Oh right! Let me go check.

■ 어휘력 패턴, 연결고리

필수 원어민 표현

- can't find ~을 못 찾다
- check 확인하다

대화 내용 확인하기

A 내 핸드폰을 못 찾겠어. 혹시 봤어?

B 가방 안은 확인해 봤어?

A 응, 거기엔 없더라고.

B 부엌은? 아까 거기 있었잖아.

A 아 맞다! 가서 한번 볼게.

● 위의 대화 내용을 보고 영어로 바꿔 말하는 연습을 해 보세요.

실전 영어 대화 02

▶ 회화의 필수인 어휘력 패턴과 연결고리가 실제 대화에서 어떻게 쓰이는지 확인해 보세요.

 **Daily English Conversation**

A **Want to** grab a coffee after work?

B Sure, I could use a break.

A There's a new cafe near the office. Want to try it?

B Sounds good. What time?

A How about 5:30?

B Perfect. See you then.

■ 어휘력 패턴, 연결고리

필수 원어민 표현

- **grab a coffee** 커피 마시러 가다
- **could use** (무엇) ~이 필요하다, 있으면 좋겠다
- **sound good** 좋아
- **see you then** 그 때 보자

대화 내용 확인하기

A 오늘 퇴근하고 커피 한잔 할래?

B 좋아. 나도 좀 쉬고 싶었어.

A 사무실 근처에 새로 생긴 카페 있어. 가볼래?

B 좋지. 몇 시쯤?

A 5시 반 어때?

B 딱 좋네. 그때 봐.

● 위의 대화 내용을 보고 영어로 바꿔 말하는 연습을 해 보세요.

실전 영어 대화 03

▶ 회화의 필수인 어휘력 패턴과 연결고리가 실제 대화에서 어떻게 쓰이는지 확인해 보세요.

Daily English Conversation

A Ugh, Mondays are always tough.

B Tell me about it. I hit snooze like five times today.

A Same here. I barely made it to work on time.

B At least we got coffee. That helps.

A Barely. I'm still half asleep.

B Hang in there. Friday's only four days away.

■ 어휘력 패턴, 연결고리

필수 원어민 표현

- **tough** 힘든
- **barely made it** 간신히 도착했다
- **hang in there** 좀만 참아, 버텨
- **hit snooze** 알람 다시 눌러서 미루다
- **half asleep** 반쯤 잠든 상태
- **tell me about it** 내 말이

대화 내용 확인하기

A 아, 진짜 월요일은 늘 힘들어.

B 완전 공감. 오늘 알람 다섯 번은 미뤘어.

A 나도 그래. 겨우 출근했지 뭐.

B 그래도 커피는 마셨잖아. 좀 낫지 않아?

A 커녕, 아직도 졸려 죽겠어.

B 조금만 버텨. 금요일까지 네 번만 더 자면 돼.

● 위의 대화 내용을 보고 영어로 바꿔 말하는 연습을 해 보세요.

실전 영어 대화 04

> 회화의 필수인 어휘력 패턴과 연결고리가 실제 대화에서 어떻게 쓰이는지 확인해 보세요.

Daily English Conversation

A Got any plans for the weekend?

B Not really. I'm thinking of just staying in.

A Same here. Maybe I'll binge something on Netflix.

B Let me know if you find anything good.

A Will do. Sometimes lazy weekends are the best.

B Couldn't agree more.

■ 어휘력 패턴, 연결고리

필수 원어민 표현

- **got any plans?** 계획 있어?
- **stay in** 집에 있다
- **binge (watch)** 몰아서 보다
- **lazy weekend** 느긋한 주말
- **couldn't agree more** 백 번 맞는 말이야

대화 내용 확인하기

A 이번 주말에 뭐 계획 있어?

B 딱히 없어. 그냥 집에 있으려고.

A 나도 그래. 넷플릭스로 뭐 정주행이나 할까 싶어.

B 재밌는 거 찾으면 알려줘.

A 알겠어. 가끔은 이렇게 느긋한 주말이 최고지.

B 완전 동감.

● 위의 대화 내용을 보고 영어로 바꿔 말하는 연습을 해 보세요.

실전 영어 대화 05

▶ 회화의 필수인 어휘력 패턴과 연결고리가 실제 대화에서 어떻게 쓰이는지 확인해 보세요.

Daily English Conversation

A Hey, **weren't we supposed to** call John last night?

B Oh shoot, I totally forgot!

A Me too. **Want to** do it now?

B Yeah, let's give him a quick call before dinner.

A He's probably wondering what happened.

B We owe him an apology.

■ 어휘력 패턴, 연결고리

필수 원어민 표현

- **be supposed to** ~하기로 되어 있다
- **totally forgot** 완전 까먹었다
- **give (누구) a call** 전화하다
- **owe (누구) an apology** 사과해야 한다

대화 내용 확인하기

A 야, 우리 어젯밤에 존한테 전화하기로 했던 거 기억나?

B 아, 이런! 완전 까먹었어.

A 나도 그래. 지금 할래?

B 좋아. 저녁 먹기 전에 잠깐 전화하자.

A 존이 무슨 일 있었나 했을 거야.

B 우리 사과해야겠다.

• 위의 대화 내용을 보고 영어로 바꿔 말하는 연습을 해 보세요.

실전 영어 대화 06

▶ 회화의 필수인 어휘력 패턴과 연결고리가 실제 대화에서 어떻게 쓰이는지 확인해 보세요.

Daily English Conversation

A Dad, can James sleep over tonight?

B Tonight? Hmm. I don't mind, but you have to ask your mom for permission.

A Okay. Is she still at work?

B Yes, you should call her and ask.

■ 어휘력 패턴, 연결고리

필수 원어민 표현

- **sleep over** (남의 집에서) 자다
- **do not mind** 상관하지 않는다, 신경을 쓰지 않는다
- **ask for permission** 허락받다

대화 내용 확인하기

A 아빠, 오늘 제임스 우리 집에서 자도 돼요?

B 오늘 밤? 흠… 난 상관없지만 엄마한테 허락받아야 해.

A 알겠어요. 엄마 아직 회사에 계시죠?

B 응, 엄마한테 전화해서 물어봐.

● 위의 대화 내용을 보고 영어로 바꿔 말하는 연습을 해 보세요.

실전 영어 대화 07

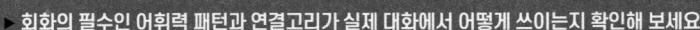

▶ 회화의 필수인 어휘력 패턴과 연결고리가 실제 대화에서 어떻게 쓰이는지 확인해 보세요.

 **Daily English Conversation**

A I'm going to quit my job next month.

B How come? I thought you like to work there.

A I need to spend more time with my family. Right now, I am not able to spend time with my kids on the weekends.

B I understand. What is your plan after you quit?

A I'm not sure. I want to take two or three months off.

B You must be burned out. I hope you get better soon.

필수 원어민 표현

- **how come** 어째서
- **burned out** 피곤해 지친
- **take (시간) off** ~동안을 쉰다
- **get better** 나아지다

대화 내용 확인하기

A 나 다음 달에 직장 그만둘 거야.

B 어째서? 난 네가 거기서 일하는 것을 좋아하는 줄 알았는데.

A 가족들과 시간을 더 보내야 하는데
지금은 아이들하고 주말에 시간을 보내는 게 가능하지 않아.

B 이해해. 그만둔 후에 너의 계획은 뭔데?

A 잘 모르겠지만 한 두세 달 정도 쉬고 싶어.

B 너 지쳤나 보다. 빨리 괜찮아지길 바라.

● 위의 대화 내용을 보고 영어로 바꿔 말하는 연습을 해 보세요.

실전 영어 대화 08

▶ 회화의 필수인 어휘력 패턴과 연결고리가 실제 대화에서 어떻게 쓰이는지 확인해 보세요.

Daily English Conversation

A Jane, do you **want to** have dinner tonight?

B Sure, what time do I **have to** be there?

A I think we **will** start around 7 p.m. Can you make it?

B Yes, I **will** be home by then. Who else **is** coming?

A Brian **might** join us.

B Okay. Do you **want me to** bring you anything?

A No, it's okay. Just feel free to come and join us.

필수 원어민 표현

- **have dinner** 저녁 식사하다
- **make it** (모임 등에) 참석하다
- **by then** 그때까지는
- **who else** 그 밖에 누구
- **feel free to 동사** 편하게 ~을 하다

대화 내용 확인하기

A 제인, 오늘 함께 저녁 식사할래?

B 좋지. (저녁 식사 자리에) 내가 몇 시까지 가야 해?

A 7시쯤에 시작할 거 같아. 올 수 있겠어?

B 응, 그때쯤이면 난 집에 있을 거야. 또 누가 와?

A 브라이언이 함께 할지도 몰라.

B 알겠어. 내가 뭐 좀 가져다줄까?

A 아냐 괜찮아. 그냥 편하게 오면 돼.

● 위의 대화 내용을 보고 영어로 바꿔 말하는 연습을 해 보세요.

실전 영어 대화 09

▶ 회화의 필수인 어휘력 패턴과 연결고리가 실제 대화에서 어떻게 쓰이는지 확인해 보세요.

Daily English Conversation

A Jenny, are you working this Friday?

B No, I'm supposed to have that day off.

A Really? Then, can I ask you a favor?

B Yes, what is it?

A Can you cover for me this Friday?
I have to go somewhere that day.

B Yes, I think I can do that.

A Thank you so much! I will return the favor.

필수 원어민 표현

- **have a day off** 하루 휴가를 얻다, 가지다
- **cover for (누구)** 누구를 대신해 일하다
- **ask a favor** 부탁하다
- **return the favor** 보답한다

대화 내용 확인하기

A 제니, 너 이번 주 금요일에 일해?

B 아니, 나 그날 원래 쉬는 날이야.

A 정말? 그럼 내가 부탁 좀 할 수 있을까?

B 응, 뭔데?

A 나 대신 금요일에 일해 줄 수 있니?
내가 그날 어디를 가봐야 해서.

B 응, 내가 해줄 수 있을 거 같아.

A 정말 고마워! 내가 보답할게.

• 위의 대화 내용을 보고 영어로 바꿔 말하는 연습을 해 보세요.

실전 영어 대화 10

▶ 회화의 필수인 어휘력 패턴과 연결고리가 실제 대화에서 어떻게 쓰이는지 확인해 보세요.

A Sarah, **can** I talk to you for a second?

B Yes, what is it?

A Do you have any old clothes to donate?

B I think so. I **have to** check my closet first. Why?

A My school sells old clothes to raise money for charity.

B I see. **When** I go back home, I will look in my closet and call you.

필수 원어민 표현

- **for a second** 잠시
- **donate** 기부하다
- **raise money** 모금한다

대화 내용 확인하기

A 세라, 잠깐 이야기 좀 할 수 있을까?

B 응, 무슨 일이야?

A 기부할 오래된 옷들이 있니?

B 있을 거 같은데. 먼저 옷장을 확인해 봐야 해. 왜?

A 학교에서 자선 사업으로 돈을 모으기 위해 헌 옷들을 팔거든.

B 그렇구나. 내가 집에 가면 찾아보고 전화할게.

• 위의 대화 내용을 보고 영어로 바꿔 말하는 연습을 해 보세요.

실전 영어 대화 11

▶ 회화의 필수인 어휘력 패턴과 연결고리가 실제 대화에서 어떻게 쓰이는지 확인해 보세요.

 **Daily English Conversation**

A Mike, are you busy tonight?

B No, I just have to walk my dog after I eat dinner.

A Someone gave me a couple of movie tickets.
   Do you want to go with me? The movie starts at 8 p.m.

B Sure, I will be done by then.
   Are you able to pick me up on the way?

A No problem. Then, I will try to be there by 7:30.

필수 원어민 표현

- **be done** 끝나다
- **pick (누구) up** 누구를 태우러 가다/데리러 가다
- **on one's way to** ~로 가는 길(도중)에

대화 내용 확인하기

A 마이크, 너 오늘 밤에 바빠?

B 아니, 나 그냥 저녁 먹고 강아지 산책만 시키면 돼.

A 누가 영화 티켓을 두 장 줬는데 같이 갈래?
영화는 8시에 시작해.

B 좋지. 그때면 나도 끝날 거야.
가는 길에 나 좀 태우고 가줄 수 있어?

A 그럼. 내가 7시 반까지 거기로 가도록 할게.

● 위의 대화 내용을 보고 영어로 바꿔 말하는 연습을 해 보세요.

실전 영어 대화 12

▶ 회화의 필수인 어휘력 패턴과 연결고리가 실제 대화에서 어떻게 쓰이는지 확인해 보세요.

Daily English Conversation

A How's the weather in New York these days?

B It is sunny and bright here. I just hope it doesn't rain next week.

A Me too. It rained so much when I visited there last time.

B I remember. By the way, I will have 4 days off next week. We can spend more time together.

A Really? That's awesome! Why don't we visit Boston this time?

B Yes, let's plan the trip after you come here.

필수 원어민 표현

- **by the way** 그건 그렇고
- **why don't we?** ~하는 게 어때?
- **spend time** 시간을 보내다, 쓰다
- **plan** 계획하다

대화 내용 확인하기

A 요즘 뉴욕 날씨는 어때?

B 여기는 맑고 화창해. 그냥 다음 주에 비가 안 내렸으면 좋겠어.

A 나도 그래. 지난번에 내가 방문했을 때 비가 엄청나게 내렸잖아.

B 기억난다. 그건 그렇고, 나 다음 주에 4일 쉬어. 같이 더 시간 보낼 수 있어.

A 정말? 잘됐다! 그럼 우리 이번에 보스턴을 가보는 건 어때?

B 그래, 네가 여기에 오면 여행 계획을 짜보자.

● 위의 대화 내용을 보고 영어로 바꿔 말하는 연습을 해 보세요.

실전 영어 대화 13

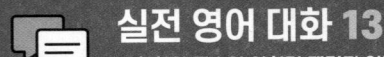

▶ 회화의 필수인 어휘력 패턴과 연결고리가 실제 대화에서 어떻게 쓰이는지 확인해 보세요.

 **Daily English Conversation**

A Kevin, where are you heading to?

B I'm on my way to meet Jenny. How about you?

A I'm going to a cafe near the city hall. I need to meet my clients.

B Really? Working on Saturday? You must be very busy.

A Actually, I quit my job last month and started my own business.

B Wow~ Congratulations! We have a lot of things to catch up on. Do you want to join us after you finish meeting with your clients?

A Sounds good. I will call you as soon as I'm done with everything.

필수 원어민 표현

- **head to** ~로 향하다
- **catch up on** 오랜만에 만나서 밀린 이야기를 나누다
- **sounds good** (상대방의 의견에 동의하면서) 좋아, 좋은 생각이다
- **as soon as** ~을 하자마자

대화 내용 확인하기

A 케빈, 어디 가는 중이야?

B 나 제니 만나러 가는 길이야. 너는?

A 나는 시청 근처에 있는 카페에 가고 있어. 고객들이랑 미팅해야 하거든.

B 진짜? 토요일에 일을? 너 정말 바쁜가 보다.

A 사실은 나 지난달에 직장 그만두고 내 사업을 시작했어.

B 와우 축하해! 우리 할 얘기가 많네. 고객들하고 미팅이 끝난 후에 우리랑 함께 할래?

A 좋지. 내가 끝나자마자 전화할게.

- 위의 대화 내용을 보고 영어로 바꿔 말하는 연습을 해 보세요.

실전 영어 대화 14

▶ 회화의 필수인 어휘력 패턴과 연결고리가 실제 대화에서 어떻게 쓰이는지 확인해 보세요.

Daily English Conversation

A Sarah, did you see my email?

B Yes, I read it. Everything looked good. Good job!

A By the way, why were you so late today?

B I overslept because I forgot to set my alarm.

A You're lucky today. The boss isn't in the office yet.

B I know. I won't be late again.

필수 원어민 표현

- **look good** 좋아 보인다
- **oversleep** 늦잠 자다
- **set an alarm** 알람을 맞추다

대화 내용 확인하기

A 세라, 제가 보낸 이메일 보셨나요?

B 네, 읽었어요. 다 좋아 보였어요. 수고하셨습니다!

A 그건 그렇고 오늘 왜 이렇게 늦으셨어요?

B 제가 알람 맞추는 것을 깜빡해서 늦잠을 잤어요.

A 오늘 운이 좋으시네요. 아직 사장님이 사무실에 안 계시거든요.

B 그러게요. 다시 안 늦을 거예요.

● 위의 대화 내용을 보고 영어로 바꿔 말하는 연습을 해 보세요.

실전 영어 대화 15

▶ 회화의 필수인 어휘력 패턴과 연결고리가 실제 대화에서 어떻게 쓰이는지 확인해 보세요.

Daily English Conversation

A What are you looking at?

B I'm trying to find available job openings overseas.

A Overseas? Oh, I remember.
   Didn't you say you wanted to live abroad?

B Yes, I am actually considering working in Australia or New Zealand.

A Really? Why don't you just go back to L.A.?
   You have your family and friends there.

B No, I just want to try new things.

필수 원어민 표현

- **look at** ~을 (자세히) 보다
- **available** 구할 수 있는
- **job openings** 빈 일자리
- **overseas** 해외
- **consider** 고려한다

대화 내용 확인하기

A 뭐 보는 중이야?

B 해외에 일자리들을 알아보고 있어.

A 해외? 아 기억난다. 너 해외에서 살고 싶다고 하지 않았어?

B 맞아. 사실 나 호주나 뉴질랜드에서 일하는 걸 고려 중이야.

A 정말? 그냥 L.A. 로 돌아가는 건 어때? 거기 가족들과 친구들이 있잖아.

B 그건 싫어. 난 그냥 새로운 것들을 시도해 보고 싶어.

● 위의 대화 내용을 보고 영어로 바꿔 말하는 연습을 해 보세요.

실전 영어 대화 16

▶ 회화의 필수인 어휘력 패턴과 연결고리가 실제 대화에서 어떻게 쓰이는지 확인해 보세요.

 Daily English Conversation

A John, do you have plans this weekend?

B No, I don't. Why? What's up?

A I have to move out on Saturday. May I borrow your dad's pick-up truck?

B Do you have a lot of stuff?

A Yes, I do have a lot.

B Sure. Let me ask my dad if the truck is available. (After finishing the call) Mike, we can use his truck after 10 a.m.

필수 원어민 표현

- **what's up?** 무슨 일이니?
- **pick-up truck** 소형 오픈 트럭
- **move out** 이사 나가다
- **available** (이용) 할 수 있는
- **let me ask** 내가 물어볼게

대화 내용 확인하기

A 존, 너 주말에 계획 있어?

B 아니, 없는데. 왜? 무슨 일이야?

A 내가 토요일에 이사해야 하거든. 너희 아버지 트럭을 빌릴 수 있을까?

B 짐이 많아?

A 응, 많아.

B 기다려봐. 아버지한테 트럭을 사용할 수 있는지 물어볼게.
(전화가 끝난 후에) 마이크, 오전 10시 이후에는 트럭을 사용할 수 있대.

● 위의 대화 내용을 보고 영어로 바꿔 말하는 연습을 해 보세요.

실전 영어 대화 17

▶ 회화의 필수인 어휘력 패턴과 연결고리가 실제 대화에서 어떻게 쓰이는지 확인해 보세요.

 **Daily English Conversation**

A Stacey, if you are done using my laptop, can I use it?

B No, mom. I am still working on a school project.

A Why are you on your phone and not doing your work?
I need to use the laptop for my work.

B I'm sorry. I will try to finish my project within an hour.

필수 원어민 표현

- **laptop** 노트북
- **within** 시간 (특정한 기간, 시간) 이내에, 안에

대화 내용 확인하기

A 스테이시, 내 노트북 다 사용했으면, 엄마가 써도 되니?

B 안 돼요, 엄마. 저 아직 학교 프로젝트하고 있어요.

A 왜 핸드폰만 하면서 할 일은 안 하고 있니?
엄마도 회사 일로 노트북을 사용해야 해.

B 죄송해요. 제가 한 시간 안으로 프로젝트를 끝내려고 해볼게요.

● 위의 대화 내용을 보고 영어로 바꿔 말하는 연습을 해 보세요.

실전 영어 대화 18

▶ 회화의 필수인 어휘력 패턴과 연결고리가 실제 대화에서 어떻게 쓰이는지 확인해 보세요.

 **Daily English Conversation**

A Do you want to **take a walk** after dinner?

B I think I am going to **pass on** that this time.

A Why?

B I don't feel good today.

A Are you feeling sick?

B Yes, a little. Can you do the laundry and the dishes after dinner?

A Of course. I will **take care of** them. Just rest.

필수 원어민 표현

- **take a walk** 산책하다
- **pass on** 거절하다
- **take care of** ~을 책임지다

대화 내용 확인하기

A 저녁 식사 후에 산책할래?

B 이번에는 패스해야 할 거 같은데.

A 왜?

B 오늘 몸이 좀 안 좋거든.

A 아픈 거야?

B 응, 약간. 저녁 식사 후에 빨래랑 설거지 좀 해줄 수 있어?

A 물론이지. 그것들은 나한테 맡겨두고 그냥 쉬어.

● 위의 대화 내용을 보고 영어로 바꿔 말하는 연습을 해 보세요.

실전 영어 대화 19
▶ 회화의 필수인 어휘력 패턴과 연결고리가 실제 대화에서 어떻게 쓰이는지 확인해 보세요.

 **Daily English Conversation**

A Allen, are you still looking for a part-time job?

B Yes, I am. I did two interviews last week, but they didn't get back to me.

A Well, I am going to open a restaurant next week. I need someone to work on the weekends.

B I never worked at a restaurant before.

A Don't worry. I will train you. You will pick it up fast.

B Okay. I will try. When do I start?

A Come to the restaurant next Saturday at 3.

필수 원어민 표현

- **look for** ~을 찾다, 구하다
- **get back to (누구)** ~에게 다시 연락해주다
- **pick it up fast** 빠르게 익히다, 습득하다

대화 내용 확인하기

A 알랜, 너 아직도 아르바이트 알아보는 중이니?

B 응. 나 지난주에 면접을 두 개나 봤는데 아무런 연락이 없었어.

A 내가 다음 주에 식당을 개업하는데 주말에 일할 사람이 필요해.

B 난 식당에서 일해본 적이 없는데.

A 걱정하지 마. 내가 가르쳐줄게. 넌 금방 배울 거야.

B 그래. 해볼게. 언제 시작해?

A 다음 주 토요일 3시에 식당으로 와줘.

● 위의 대화 내용을 보고 영어로 바꿔 말하는 연습을 해 보세요.

실전 영어 대화 20

▶ 회화의 필수인 어휘력 패턴과 연결고리가 실제 대화에서 어떻게 쓰이는지 확인해 보세요.

Daily English Conversation

A Did you go to the party on Friday?

B Yes. I met Eric and his girlfriend.

A Eric? Really? I thought he moved to New York.

B He did. But he moved back to L.A. after he graduated.

A I should contact him. Do you have his number?

B Yes, he gave it to me. He asked me about you too. We should meet up soon.

필수 원어민 표현

- **move to** ~로 이사 가다
- **contact** 연락하다, 연락처
- **move back to** ~로 다시 이사오다
- **meet up** 만나다

대화 내용 확인하기

A 금요일에 파티 갔었어?

B 응. 나 그곳에서 에릭이랑 그의 애인을 만났어.

A 에릭? 진짜? 난 걔가 뉴욕으로 이사 간 줄 알았는데.

B 그랬지. 근데 졸업 후에 다시 L.A. 로 돌아왔대.

A 내가 연락해 봐야겠다. 에릭 전화번호 있어?

B 응, 나한테 줬어. 걔가 너에 대해서도 묻더라고.
우리 곧 만나면 좋을 것 같아.

● 위의 대화 내용을 보고 영어로 바꿔 말하는 연습을 해 보세요.

수고하셨습니다.
여러분의 멋진 도전을
응원합니다.

결과가 말해주는
『키위엔 영어 하루 5분의 기적』 시리즈!

어려운 문법 위주 교육의 틀을 깬 특허 받은 학습법을 이제 책으로 만나보세요!

『키위엔 영어회화 하루 5분의 기적』  영어 어순편

『키위엔 영어표현 하루 5분의 기적』  영어 회화 완성편

『키위엔 영어 하루 5분의 기적』
*출간 즉시 YES24 외국어 전체 베스트 셀러 1위,
*2023년 영어 입문, 영어 독해, 영어 학습법 해당 카테고리 9달 연속 1위
*교보문고 70주 연속 영어회화 베스트셀러
*YES 24 97주 연속 영어회화 베스트셀러

키위엔 영어회화 하루 5분의 기적 개정판

초판 22쇄 발행 2025년 1월 16일
개정판 3쇄 발행 2025년 7월 30일

지은이 박강준

펴낸이 박희준
편집총괄 이지호

디자인 지아나 리

펴낸곳 (주)셰어리지
출판등록 2022년 3월 11일 제2022-000022호
주소 경기도 용인시 기흥구 흥덕2로117번길 19 1025호 (영덕동)
이메일 keyweenbooks@gmail.com

ISBN 979-11-980029-5-2 (13740)

COPYRIGHT © 박강준, 2022

* 이 책은 특허법과 저작권법에 의해 보호받는 저작물이므로 무단 전재와 무단 복제 그리고 모방을 법률로 금합니다.
* 책값은 뒤표지에 있습니다.
* 파본은 구매처에서 교환해 드립니다.